现代应用文写作

张秋勤　主编

苏州大学出版社
Soochow University Press

图书在版编目(CIP)数据

现代应用文写作/张秋勤主编. —苏州:苏州大学出版社,2022.1(2023.12 重印)
ISBN 978-7-5672-3799-5

Ⅰ.①现… Ⅱ.①张… Ⅲ.①汉语—应用文—写作—高等职业教育—教材 Ⅳ.①H152.3

中国版本图书馆 CIP 数据核字(2022)第 009537 号

现代应用文写作
XIANDAI YINGYONGWEN XIEZUO
张秋勤　主编
责任编辑　史创新

苏州大学出版社出版发行
(地址:苏州市十梓街1号　邮编:215006)
苏州恒久印务有限公司印装
(地址:苏州市吴中区东吴南路1号　邮编:215128)

开本 787 mm×1 092 mm　1/16　印张 10.5　字数 224 千
2022 年 1 月第 1 版　2023 年 12 月第 2 次印刷
ISBN 978-7-5672 3799-5　定价:32.00 元

苏州大学版图书若有印装错误,本社负责调换
苏州大学出版社营销部　电话:0512-65225020
苏州大学出版社网址　http://www.sudapress.com

职业院校学生人文社科知识读本

参加编写学校名单（排序不分先后）

徐州经贸高等职业学校
徐州生物工程职业技术学院
连云港工贸高等职业技术学校
宿迁经贸高等职业技术学校
淮安生物工程高等职业学校
盐城技师学院
扬州高等职业技术学校
仪征技师学院
泰州机电高等职业技术学校
南通理工学院
南京财经大学
苏州旅游与财经高等职业技术学校
苏州农业职业技术学院
苏州职业大学
苏州工业园区职业技术学院
苏州工业园区工业技术学校
苏州经贸职业技术学校
德州职业技术学院
安徽工商职业学院
安徽广播影视职业技术学院
南昌航空大学
九江学院
上海李伟菘音乐学校
上海商业学校
上海师范大学天华学院
中山市中等专业学校
深圳职业技术学院

总　序

《国家中长期教育改革和发展规划纲要(2010—2020年)》(以下简称《纲要》)中明确提出"要把育人为本作为教育工作的根本要求";《教育部关于全面提高高等职业教育教学质量的若干意见》中也明确指出"高等职业院校要坚持育人为本,德育为先,把立德树人作为根本任务"。其宗旨都要求高职教育的终极目标须以育人为本,为此,全面提升学生的人文素质就成为必然选择。

从人才和就业市场反馈的信息看,备受青睐的毕业生往往具备如下特点:道德素质较高,具备较强的事业心、责任感;有艰苦奋斗精神、奉献精神和创新精神;基础扎实,知识面宽;有较好的组织管理能力,善于处理人际关系;等等。从国家、社会和用人单位层面来讲,也都要求毕业生具备良好的道德修养、专业知识技能、职业心理、创新精神、团队合作能力、人际交往与沟通能力、承受挫折能力等综合素质。因此,高等职业院校在教育教学中必须结合学校实际,加强调研与分析,在学校的各项教育教学活动中多渠道、多方位地加强学生人文素质的教育与培养。

在高职院校的专业设置中,人文素质课程是薄弱环节。要想培养出"既具有过硬的专业知识和岗位技能,又具有远大的个人理想和良好的道德风尚"的毕业生,必须进行课程体系的改革和创新,同时要加强人文素质教育的研究与总结;在课程设置上做到人文素质课程与职业技能课程并重,善于发现人文素质教育的素材和切入点,并根据学校自身的特点设置人文素质教育课程。

1. 改革课程体系,完善人文教育

人文素质教育课程体系的构建必须以马克思主义为指导,突出文理渗透、工管结合的学科交叉特点,全面提高学生的人文素养。此外,课程体系的构建还必须从实际出发,考虑课程的相对系统性和完整性,考虑师生的承受能力,考虑理工科院校的特殊性,使课程体系改革具有可操作性。课程体系除了开设人文学科的选修课和必修课外,还可以经常举办人文学术报告与讲座、职业生涯规划课程与就业创业指导讲座等。职业院校应结合高职生的心理特点和成长规律,成立心理健康咨询中心,建立心理健康咨询网站,通过多种形式进行心理健康教育的宣传和指导,让学生真正感受到人文关怀,培养人文情怀。

2. 专业课程渗透人文教育

人文教育不仅仅体现在人文课程的教学中,在专业课程教学中同样可以处处渗透着人文精神,同样可以进行人文教育。在专业教学中,要让学生了解与专业相关的真实的历史背景、自然和谐的文化精神、真善美的文化底蕴等人文方面的知识,在专业技能的应用中处处展示这些人文精神,从而进一步激发学生学习专业的兴趣与热情,夯实专业基础,加强专业技能和人文素质的共同培养。

3. 综合考核,协调运转

高职教育要适应社会的发展,必须让教育系统内的各个子系统及各个要素之间协调运转,形成技能教育和人文素质教育的合力。要建立科学的人文素质培养评估体系,明确每门课程的职业人文素质教育目标,完善对学生在人文社科知识、思想道德、社会活动参与等多方面的考核指标及人文素质测评,在产、学、研中渗透、融合人文素质的培养,将素质考核纳入整个考试考核体系。

《纲要》还指出:"职业教育要面向人人,面向社会,要着力培养学生的职业道德、职业技能和就业创业能力。"因此,职业教育的主旋律是"育人"而非"制器",不应只要求学生掌握技能,也需培养学生富有人文素养,兼具对国家和社会的责任感。高职院校应通过建设多种符合自身特色的人文素质教育的路径,把学生培养成高技能与全素质的人才,从而适应社会和企业对人才的需求。

这套"职业院校学生人文社科知识读本"正是基于这样的理念和出发点而编写的,不过分追求学科的系统性、完整性,强调从学生的实际出发,重点突出文学、历史、地理、音乐、美术、书法、传统文化、职业规划等人文学科的基础知识,力求深入浅出,雅俗共赏,融知识性和趣味性于一体,使学生在阅读中感悟人生,体会关怀,于无形中得到精神熏陶和境界升华。

我们希望这套丛书的出版能够为高职院校开展人文素质教育做出有益的贡献,并通过试用、修订,反复锤炼,能够更具特色,并广受师生的欢迎,成为人文素质教育的精品图书。

我们也希望通过系列教材的编写、出版,能锻炼、培养一批专注于职业院校素质教育教学的教师群体,使其能成为推动学校实施素质教育建设的骨干力量,从而全面促进职业院校素质教育工作更有声有色、卓有成效地展开。

前言 Preface

为贯彻以能力为本位,以职业实践为主线,以项目课程为主体的新时期课程改革精神,培养和提高广大职业院校学生的应用文写作能力,服务学生的学习、就业与创业需要,我们组织编写了这本《现代应用文写作》。

本书以职业院校学生实际状况和能力水平为基准,以"实用"为原则,具有实用性、指导性、时代性。本教材重视应用性,突出"实践"特色,按照学习应用文的难易程度,充分考虑学生生活和未来职业的需要,精心选择文种,病例均来自于学生实际。结构上,本书分"校园篇"和"职场篇"两大类,按由易到难的顺序编排。在编写体例上,打破传统模式,结合专业特点,例文丰富,突出指导性,并增加实训比例,重视情景模拟,充分体现职业教育的特点。

本书编写过程中,得到了苏州大学出版社的支持和帮助。同时,我们也参阅了一些时贤的著述,引用了一些书刊的例文资料。在此,一并表示衷心的感谢。

由于水平所限、时间紧迫,书中定有许多不妥之处。恳请老师、同学们在使用本书的过程中多提宝贵意见,以便修订时改正。

编　者

目 录 Contents

校 园 篇
001/

第一节	一般书信	001
第二节	请假条	004
第三节	计划	007
第四节	广播稿	011
第五节	通讯	014
第六节	邀请函	018
第七节	迎送致辞类	022
第八节	竞聘演说词	025
第九节	通知	029
第十节	申请书	033
第十一节	会议记录	036
第十二节	倡议书	040
第十三节	感谢信	043
第十四节	总结	047

职场篇
054/

第十五节	简历	054
第十六节	求职信	058
第十七节	劳动合同	062
第十八节	海报	068
第十九节	借条	071
第二十节	请示	074
第二十一节	广告	078
第二十二节	启事	083
第二十三节	就职演说词	088
第二十四节	开幕词与闭幕词	091
第二十五节	简报	096
第二十六节	调查报告	100
第二十七节	述职报告	112
第二十八节	辞职信	116
参考答案		121

校 园 篇

第一节 一般书信

　　小明现在是职校的一名学生了。初中的时候,他没有好好学习,没能考上高中,爸妈最终给他选择了一所职业学校。每当想起爸妈看到他中考成绩时的失望表情,他就很难过,想着以后一定要好好学习,不能再让爸妈失望了。到了学校,小明发现职校校园比自己想象的还大,学生很多,学校里有各种各样的社团。小明在初中时就是个活泼的孩子,感兴趣的东西很多,但是一直没有发展的机会,他想在职校这三年,一定要好好充实自己,为将来做准备。为了让爸妈放心,他写了一封信给爸妈。

看一看

一封家书

亲爱的爸爸妈妈:
　　你们好吗?现在工作很忙吧?身体好吗?
　　我现在学校挺好的,爸爸妈妈不要太牵挂。我知道我没有考上高中让你们失望了,但是以后我会好好学习的，再也不让你们为我操心了。

　　学校很大，很漂亮，有很高的教学楼，还有设施齐全的现代技术中心，学校里有各种各样的社团，我积极报名参加了。老师也很好，上课时都很耐心地给我们讲解，内容也简单，我发现我现在慢慢地爱学习了。

　　爸爸每天都上班吗？爸爸身体不是很好，一定要注意休息，不能太拼命了。

　　我买了一件毛衣给妈妈，别舍不得穿。以前儿子不太听话，现在懂事了。

　　哥哥姐姐常回来吗？替我问候他们吧。有什么活儿就让他们干，自己孩子有什么好客气的。

　　爸爸妈妈多保重身体，不要让儿子放心不下。

　　好了，先写到这吧。

　　此致

敬礼！

儿子：小明
2021 年 9 月 10 号

 学一学

[基础知识]

　　一般书信又叫私人书信，是指人们在生活中用于与亲朋好友及其他人之间传递信息、交流思想的文书。在众多的应用文中，书信是人们个人生活中使用最普遍的，具有内容广泛、感情色彩浓厚的特点。

　　按照不同的标准，可将一般书信分为不同类型。按内容可分为问候类、思想交流类、劝勉类等；按照通信人之间的关系可分家书、情书、致师长书等；按照使用媒介的不同，可分为手写纸质书信、手机短信息、电子邮件等。

　　书信能够反映出一个人的文化素养，因此，无论写作哪种书信都应该做到感情诚恳，遣词造句正确，使用正确的格式，书写认真，避免出现敷衍塞责、语气生硬、格式不规范、称呼不合适、词不达意、字迹潦草等问题。

[写法指南]

　　一般书信由信文和信封构成。

　　1. 信文的结构和写法

　　与专用书信不同，一般书信不需要写标题，也不需要在落款处盖章。信文一般包括以下几部分。

(1) 称谓

即对收信人的称呼,在信纸第一行顶格书写,后加冒号。要根据双方关系的远近亲疏恰当选用称谓,可以写收信人的姓名、职务或其他称号,或者直接写对对方的称谓;另外,称谓前往往加表示尊敬、喜爱等感情色彩的词语,如"敬爱的刘老师""亲爱的妈妈"等。如果信件是写给两个以上的人,则几个称谓上下并联书写,而不能前后相连。

(2) 问候语

在称谓下另起一行,空两格书写,作独立一段。一般也要根据具体时间、对象、情境来定,如"您好!""近来可好?""最近忙吗?"或者"见字如面""久未相见,甚是想念"等。

(3) 正文

在问候语下另起一行空两格书写,主要是询问对方情况,介绍自己的情况,说明写信缘由。如果是复信,则需要先写何时收信、回答对方询问事项。正文一般根据内容多少适当分段,一事一段,分段表述。

(4) 结束语

正文后一般要另起一段空两格,写结束语,以示书面告别。常用的结束语一是"此致敬礼",二是写上一些表示敬意或祝愿的话。祝颂语可根据双方关系的不同及信件内容选择恰当的话语,如对正文作收束可写"恕不详叙,望早日面谈",一般祝颂语写"祝身体健康""祝工作顺利",如需回复写"临书翘企,静候佳音"等。

在格式上,"此致"和祝颂语中的"祝"字在正文下另起一行空两格书写,不加标点,"敬礼"和祝颂语中的祝词如"身体健康"再另起一行顶格书写,可加感叹号。祝颂语也可在正文后另起一行空两格直接书写如"祝学业有成!",不需分两行。

(5) 落款

在结束语后,另起一行右下方写上写信者称谓、姓名;再另起一行,在署名下方书写写信的具体时间。署名也视关系亲疏而定。关系亲近的可署小名、辈分,写给比较陌生的人要署上全名。署名后可加敬语,如对长辈可用"谨上""敬启",复信可用"谨复""手复"等。

2. 信封的结构和写法

和现代的书写格式一致,如今标准信封的书写也是横写,行序是从上到下,字序是从左到右。信封书写分为三块:顶、中、底。顶端的左上角将收信人邮编的数字分别填写在框格中,右上角贴邮票;信封的中端一般有行线,上方写收信人的详细地址,中间书写收信人姓名,下方是发信人地址和姓名;底端将写信人邮编的数字分别填写在框格中。

```
┌─────────────────────────────────────────────────────┐
│ □□□□□□                                    贴 邮     │
│                                           票 处     │
│              收信人地址 _____            │
│              收信人姓名 _____            │
│                                                     │
│                        发信人地址、姓名 _____  │
│                                      □□□□□□      │
└─────────────────────────────────────────────────────┘
```

测一测

大家来"找碴儿":看看下面的书信格式存在哪些问题,请一一指出。

老爸、老妈:

先申明一下,我想你们了。我在这里一切都好,你们不用担心,我已经长大了。如果没钱我会告诉你们的。所以不用担心我。

完了,88了。

此致　敬礼

　女儿

练一练

按照书信的一般格式,给自己的家人或同学或师友写一封情文并茂的书信。

第二节　请假条

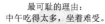

在慢慢适应学校的学习与生活后,一切进入正轨,小明很荣幸地被舍友们选为舍长,官虽不大,大家却很信赖这个舍长,"有事找舍长"成为舍友们的口头禅。这天,小明起床后,喊醒大家一起去教室早读,"舍长,我去不了了",上铺小磊因为感冒起不来,让小明帮他向班主任老师请假,小明很爽快地

最令人景仰的理由:
今天我去学雷锋。

最可耻的理由:
中午吃得太多,坐着难受。

最时髦的理由:
跟恋人约好下午海誓山盟。

最廉价的理由:
今天帮同学家扛大白菜。

答应了。

可是,一个难题出现了,班主任让他替小磊写个请假条备案,小明懵了,平时都是口头跟老师说一下的,真正落到纸上的还真没试过,这个请假条应该怎么写呢?小磊病了总不能让他起来写吧,看来这个舍长也不能白当,舍长有义务为舍友排忧解难,于是,小明绞尽脑汁,一番手忙脚乱后,写出了一份有模有样的请假条。

看一看

请假条

张老师:

  我因患感冒,身体不适,故不能到班上课,需请假一天,请您批准!
  此致
敬礼!

请假人: 小磊
2021 年 9 月 18 日

学一学

[基础知识]

  请假条是因公、因事、因病不能上班、出工、上课、参加会议、参加活动时,所使用的一种应用文样式,它在我们日常工作、学习和生活中的利用率极高。

[写法指南]

  "请假条"相当于公文中的"请示",但比请示简便、灵活,格式可以不固定,也可以固定。一般最常用的请假条格式如下:

1. 标题

  顶部居中写标题"请假条"。

2. 称谓

  上款顶格写部门的名称或领导人的名字,即向谁请假,注意应加上其职务,以示尊重。

3. 正文

  正文写请假原由、请假起止时间及天数,最后加上请假习惯用语"请批准""请予批准"等。请假条内容较少的,不用分段。语言应朴实、自然,不作无谓的修饰,把事情说得清楚简明就好。

4. 祝颂语

正文内容结束后,另起一行,空两格写礼貌用语(也可省略),一般用"此致",然后再起一行顶格写"敬礼"。

5. 落款

在落款处(正文右下方)写请假人姓名、请假时间。

测一测

1. 先找出下面请假条中的错误,再写一张格式正确的请假条。

请 假 条

张老师:今天我生病了,要到医院去治疗。请您批准!学生:王静3月26日

改错:

① _____
② _____
③ _____

2. 找出下面请假条中的错误。

请假条

李老帅!

我因病故请假一天

此致

  敬礼

王大伟4月4日

改错:

①_____
②_____
③_____
④_____
⑤_____
⑥_____
⑦_____

练一练

1. 达标运动会要开始了,李明在练铅球时不小心将手腕扭伤,医生建议不能做剧烈运动。假如你是李明,请写一张请假条给体育课王老师,说明自己不能参加达标运动会的情况。

2. 假如你叫李华,同学高韵是你邻居。她昨晚发烧并咳嗽得很厉害,一直到半夜才入睡。今天早晨她父母请你代高韵写一张请假条交给班主任李老师。今天的日期是2021年10月10日。

3. 今天,你要去市少年宫参加少儿英语风采大赛,不能到校上课了,请向班主任王老师写张请假条。

4. 王丽的爸爸要到济南出差,不能参加12月26日的家长会,他给贾老师打电话没打通,于是就想到写一张请假条让女儿带给贾老师。现在请你替王丽的爸爸写这张请假条。

第三节　计　划

一次班会课上,班主任对大家说,虽然大家没有考上高中,但是不要气馁,上职校一样有出路。俗话说得好,"三百六十行,行行出状元",你只要好好规划一下你三年的生活,争取这三年里过得很充实,为自己走上社会做好充分的准备,将来的你一样可以出人头地。请大家回去好好想想,自己该如何过好这三年的学习生活,先写一份这学期的学习、生活计划。

小明被班主任的话深深地震动了,上职校已让爸妈很失望,以后一定不能再让爸妈为自己操心了,一定要好好想想以后该怎么做,好好订一份计划。没过几天,一份很完整的计划就出现在了班主任的桌上。

看一看

第一学期学习计划

新的学期,新的集体,新的生活,新的同学。回想起去年,我是那么的糟糕,为了三年以后能踏入社会,找到自己理想的工作,从现在起一定好好学习。现将这学期的学习计划制订如下:

学习前先预习。在认真投入学习之前,先把要学习的内容快速浏览一遍,了解大致内容及结构,以便能及时理解和消化学习内容。

充分利用课堂时间。课堂上要及时配合老师,做好笔记来帮助自己记住老师讲授的内容,尤其重要的是要积极地独立思考,跟得上老师的思维与节奏。

课堂上做的笔记要在课后及时复习,不仅要复习老师在课堂上讲授的重要内容,还要复习那些仍感模糊的认识。坚持定期复习笔记和课本,并做一些相关的题目。

养成良好的学习习惯。改掉粗心、边玩游戏边写作业、边写边问、不独立思考等学习坏习惯。

严格按照学校的作息时间安排自己的学习生活,除了上课时间外,晚自习时间做完各科作业,记5个英语单词;数学课前,复习本章内容,做适量习题,加以巩固;预习下一章的内容;背诵所有科目必背的内容。

利用课外时间多阅读中外名著,加强写作,开阔视野。

这就是我的学习计划书,我一定按照计划书中的承诺去做,争取期末考试取得优异的成绩,向爸妈交上一份满意的答卷。

小明

2021 年 9 月 25 日

 学一学

[基础知识]

1. 概念

计划是团体或个人为在一定时期内完成某项任务和实现某项目标,根据国家法律、政策、上级指示和单位或个人的实际情况,事前拟订的关于目标、措施和步骤等内容的文书。计划是个统称,人们所说的"规划""设想""安排""方案""打算""要点"等,都属于计划的范畴。

规划是范围较广、内容较为概括及时间较长的长远计划。

方案是对某项比较重要的工作，从目的、要求和措施办法到总体进度作全面安排的计划。

安排是对短期内某项工作进行具体布置的计划。

设想是初步的、尚未成熟的或比较粗略的长远计划。

打算是对短期内的某项工作的要点式计划。

要点是对某一时期的工作任务作原则性的指导，并提出具体要求及主要措施。

2. 特点

（1）前瞻性。科学的预见性是计划的突出特点。计划不是对已经形成的事实和状况的描述，而是在开展实践活动之前针对行动的任务、目标、方法、措施等制订出的具有预见性的筹划。在撰写计划时，必须尽可能准确地预测出事物发展的趋势，并对可能出现的问题进行分析，提出切实可行的方案。

（2）指导性。计划的内容是对未来要做的事情的打算和安排。为了保证计划顺利实施，工作的开展和时间的安排等必须严格按计划执行，以避免行动或工作的盲目性和随意性，更快地实现既定的目标。

（3）可行性。在制订指标、任务时，要从实际出发，量力而行。这里所说的可行性，指计划应该包含着积极的因素，要体现一定的先进性。定指标是一个关键性问题，定得过高，通过努力还是完成不了，就会挫伤积极性；定得过低，不需要费力就可以完成，就不能激发积极性。因此，计划一定要从实际出发，切实可行。

（4）明确性。计划中的任务能否顺利完成，常常取决于措施步骤是否恰当有力。因此，计划的目的、任务、指标、要求等一定要写得具体明确，执行计划的措施步骤更要明确切实。措施应该包括人力的组织动员、分工职责等。

3. 种类

（1）按内容分有工作计划、学习计划、生产计划、科研计划、教学计划等。

（2）按范围分有集体计划、个人计划等，按性质分有综合计划、单项计划等。

（3）按时间分有年度计划、季度计划、月度计划、远景规划等。

（4）按详细程度分有详细计划、简要计划、计划要点等。

（5）按成文形式分有条文式计划、表格式计划、文表结合式计划等。

很多计划都是多重性的，如《××职业学院2020年度工作计划》，既是工作计划，又是年度计划，也是集体计划。

[写法指南]

下面简单介绍条文式计划的一般写法。

条文式计划一般由标题（计划的名称）、正文（计划的内容）、落款（署名和日期）三部分组成。

1. 标题

一般由制订计划的单位名称、计划适用的期限、计划的内容、计划的种类名称四个要素组成,如《××信息学院工商管理系2019—2020学年第一学期工作计划》。有时可根据具体情况省略标题中的某些要素,或省略单位名称,或省略期限,或省略单位名称和期限,如《2021年大学生就业工作计划》《××商场接待方案》《春节前后开展文艺活动的安排》。如果计划还需要讨论和通过,应在标题后或下一行用括号注明"草案""初稿""讨论稿"。

2. 正文

正文是计划的核心部分,一般包括前言、主体、结尾三个方面的内容。

(1)前言一般是概述制订计划的指导思想、依据或背景情况,即说明"为什么做"的问题。前言的详略长短,要根据工作的重要程度、内容的多少来确定,总体上以精练简洁为原则,力戒套话、空话。要对现状作出分析,写明本计划是在什么基础上制订的;有的计划还要分析利弊长短,既要看到有利因素,也要看到不利因素,做到胸中有数,这样才能制订出切实可行的计划。

(2)主体是计划的重点部分,主要阐述"做什么""怎么做"和"何时做"等问题。一般包括任务与目标、措施与步骤、时间进度等内容。任务与目标即给实施任务定下指标,从数量、质量、时间上提出具体要求,要具体明确、切合实际,因此要详细交代清楚在什么时间内完成哪些任务,实现什么目标。措施是为完成任务或实现目标而采取的办法,步骤是从时间上对工作进程的安排,措施与步骤的每项内容都要具体、切实,还要一一写明完成的期限和人员分工,以保证计划有条不紊地执行。

(3)结尾部分可展望计划实施的前景,表达决心或发出号召等。也有的计划没有结尾,主体部分写完就自然结束。

3. 落款

写明计划制订者的名称和日期,如在标题中已写出制订计划的单位名称,可不用署名;如果是个人计划,应先写单位名称再写姓名。日期写在署名的下一行。

测一测

1. 选择题

(1)"凡事预则立,不预则废"讲的是(　　)的作用。

A. 计划　　　　B. 总结　　　　C. 规章制度　　　　D. 通知

(2)从拟写格式来讲,生产、经营计划多采用(　　)

A. 条文式　　　　　　　　　B. 表格式

C. 要点式　　　　　　　　　D. 表格与条文结合的形式

(3) 下面哪一个要素不是计划必须具备的要素?(　　)

A. 目标　　　B. 措施　　　C. 步骤　　　D. 范围

(4) 由于内容不同,计划可用不同名称。偏重政策指导性,一般是领导机关对下级布置工作,贯彻传达有关政策和领导意图,属于纲要式的计划一般使用的名称是(　　)

A. 打算、设想　B. 安排、方案　C. 意见、要点　D. 规划、计划

2. 判断题

(1) 制订计划是一种科学的工作和学习方法。(　　)

(2) 一般来说,规划是带有全局性、长远性和方向性的计划。(　　)

(3) 计划除了有明确的目标外,还必须指出为完成目标所采取的措施步骤,且措施要切实可行。(　　)

(4) 计划主要是靠制订者独立思考、发挥想象、反复推敲制订出来的。(　　)

(5) 计划的主体内容概括起来是做什么、怎么做、要做到什么程度。(　　)

(6) 计划一经制订就成为该时期或该方面工作的指导和依据,所以不能做任何调整和改动。(　　)

(7) "任务要求"是计划正文的主要内容之一,主要是解决"怎么做"的问题。(　　)

练一练

拟订一份本学期个人生活计划。

第四节　广播稿

"通知,通知,学生会广播站招募新成员,欢迎广大同学踊跃报名。""广播站?学生会?"小明喃喃自语,进学生会是自己一直以来的梦想,但是怎么才能进学生会,还真没考虑过,今天莫非就是一个好机遇? 小明跃跃欲试。

凭着不服输的性格,小明递交了报名表,与众多的学哥学姐们一起参加选拔。这不难题出来了? 既然是进广播站,就要会写广播稿,小明挠挠头皮,对着白纸半天没挤出一个字来,眼看交稿日期到了,怎么办?"不行,我决不能放弃这次机会。""舍长,上网随便抄个呗。"舍友为他出了主意。"这怎么行,混了一次下次怎么混?"最终小明还是选择放弃走捷径,他来到语文老师办公室,虚心请教如何写广播稿。看来,他这次是铁了心要进入学生会。努力换来收获,一篇充满激情的广播稿终于让小明正式成为广播站的一员。

看一看

校园广播稿

亲爱的同学们：

当黎明的第一缕晨光洒在肩头的时候，当晶莹的露珠如我们聪慧的眼眸闪耀在朝阳中的时候，当我们迈着青春的脚步踏上龙门桥走向知识殿堂的时候，新的一天便向我们迎面走来了！

也许，此时的你还在为虚度了昨日的时光而痛悔；也许，此刻的你正沉浸在对明天的美好憧憬中，但请记得：昨天的阳光已不会为你我而再次升起，而明天不过是懒惰之人的愚蠢借口，我们能把握的唯有今天！因为唯有能把握今天的人，方能成就明天的辉煌。

赫胥黎曾说："时间最不偏私，给任何人都是二十四小时；时间也最是偏私，给任何人都不是二十四小时。"莎士比亚也曾说："抛弃时间的人，时间也抛弃他。"所以，就在今天，让我们惜时如金，抓住光阴。让我们用琅琅的书声敲响梦想的音符，用奋笔疾书的身影描绘青春的画面，用孜孜不倦的精神诠释青春的内涵，用谦逊优美的品德点亮青春的光彩。

梁启超说："少年智则国智，少年富则国富，少年强则国强，少年进步则国进步，少年雄于地球则国雄于地球！"所以，就在今天，让我们壮怀激烈，拥抱梦想；所以，就在此刻，让蓝天见证我们的梦想，让大海遥感我们的激情！

让我们一起对今天说："今天，我们绝不虚度！"

学一学

[基础知识]

广播是通过无线电波或导线传送声音、图像的新闻传播工具。通过无线电波传送节目的称无线广播，通过导线传送节目的称有线广播。广播诞生于20世纪20年代。广播具有传播速度快、传播范围广、听觉优先、简短性等特点。一般来说，广播的种类有：录音讲话（包括录音座谈会）、录音报道（包括文字解说、音响和配乐、人物谈话）、录音新闻、口头报道、录音通讯、录音特写、录音访问、配乐广播、广播对话、广播评论、广播大会、重大集会的实况广播及重要文艺、体育表演活动的实况转播。

广播稿就是为了广播需要而准备的草稿。

[写法指南]

1. 格式

写广播稿没有什么固定的格式,形式可灵活多样,要根据宣传内容而确定。比如,介绍工作或学习的方法经验,可以写成条款;宣传生活中的科学知识,可以写成对话;对某一事情发表见解主张,可以写成短评;表扬本单位的好人好事,可以写成故事;报道当地各项事业的发展变化,可以写成新闻;等等。总之,内容和形式有机结合起来,可以收到较好的广播宣传效果。

2. 写作注意点

广播稿的写作具有以下几点要求:

(1)通俗口语化

广播稿是用耳朵听的,要求语言明白易懂,口语化,要求写"话"而不是写"文"。

① 多用短句,少用或不用长句。

② 少用方言、土语,尽量不用群众不熟悉的简化词或简称。

③ 少用书面词汇、文言词汇和单音词。把单音词改成双音词,把书面语改成口头语,把文言词改成白话,音同字不同的词要改换。

④ 不宜用小括号、破折号、省略号,因为其中的内容不便读出来;表示否定含义的引号也尽量不用,改用"所谓的"。

(2)结构简洁明了

广播稿由于受到时间的限制,更要注意干脆利落。

① 突出句子的主干,不滥用不必要的附加成分。

② 用准确的词贴切地表达要说的意思,不说空话、套话。

③ 不用倒装句,不用倒叙和插叙。广播稿的叙事,一般按事物过程的发展顺序,因为这样符合人们听的思路和习惯。

(3)生动活泼

① 采用多种写作方法,避免单调乏味。

② 句式富于变化,运用设问、排比、对偶等句式,使文章有文采;适当选择主动句、被动句、肯定句、否定句等句式使文章有感染力。

③ 具体的事例比抽象的议论更能吸引听众的注意力。

(4)主题单一集中

开头要吸引观众,主体要设计悬念,结尾要不落俗套。

(5)音调和谐

广播稿要避免连续出现仄声字,平仄声要互相交错、配合得当,这样读起来就会抑扬顿挫,悦耳动听。

测一测

1. 下面是一篇广播稿的头两段,其中有五处用词不当,已用序号标出,请加以改正。

同学们,告诉大家一个敲击我们心扉①的好消息。今天上午,在本届市中学生运动会男篮决赛中,我校代表队经过一个多小时的拼搏,以88∶87力克②绿杨中学代表队,取得了冠军。我校男篮队员发扬"一不怕苦,二不怕死"③的精神,打出了风格,打出了水平。陈帆同学(高二5班)④沉着冷静,一人独得22分,为我队的胜利立下了丰功伟绩⑤。

① _____
② _____
③ _____
④ _____
⑤ _____

2. 下面是一篇广播稿,请按照广播稿通俗、口语化,一听就明的要求对其中表达欠妥的地方进行改正。

昨天下午,由学校团委和学生会组织、学生艺术团和教工合唱团联袂演出的、为希望工程募捐的文艺义演,在校礼堂举行。演员的演出十分精彩,会场的气氛异常热烈。全校师生员工踊跃捐款,共筹得资金3万多元。据悉,此次义演所筹之捐款将会在最近转送到黔江地区的希望小学。

练一练

1. 请根据学校或班级中的好人好事,写一篇广播稿。
2. 请你为学校举办的运动会写一篇广播稿。
3. 请你为教师节的到来写一篇广播稿。

第五节 通 讯

广播站的生活丰富多彩,也是最容易让人得到锻炼的岗位,从入选以来,小明每天的生活都很充实,感受到学校里同学们的精彩生活,感受到这所学校的人文氛围,他慢慢地爱上了这个新的校园。最近,学校里又有新的活动了,这让小明高兴坏了。2019年3月9

日晚上,学校举行了诗歌朗诵晚会,这次晚会举办得非常成功,作为广播站一员的小明也参加了这次活动,他被深深地吸引了。当晚,回到宿舍的小明压抑不住激动的心情,写下了站长交给的任务——一则通讯。

 看一看

春天送你一首诗——记一次诗歌朗诵晚会

2019年3月9日晚6点30分,由我校文学社主办的中职学生诗歌朗诵晚会在阶梯教室举行,参加此次晚会的不仅有我校的数十位同学,还有来自其他各兄弟职校的同学们,晚会还有幸邀请到我校学工处、教务处主任等前来观赏。

一曲优美的《心形圈》拉开了晚会的序幕,紧接着的是每位朗诵者的精彩表演。第一位朗诵者朗诵的是《雨巷》,清晰的吐词,加上优美的背景音乐,把雨巷中缠绵的情愫细细道来。紧接着,各个学校的朗诵者们都各自展现了自己的实力。他们有的激情澎湃,有的则宛若山涧缓缓流动的小溪,在座的观众都被深深地吸引住了。其间,校魔术表演队队员还为大家表演了美轮美奂的魔术,把晚会气氛推向高潮。为了让观众进一步体会到诗歌的唯美,我们还特意增设了一个互动环节:诗歌对接。互动中,每一位答对的观众都可得到一份精美的小礼物。虽然互动环节中的有些题目具有比较大的难度,但同学们还是积极参与到活动中来,为晚会的气氛起到了重要的推动作用。

晚会的最后,由来自高港职校的同学给大家演唱了一首《爱你不是两三天》。这首歌旋律活泼,演唱精彩,给本次诗歌朗诵晚会画上了一个完美的句号。

此次诗歌晚会,不仅丰富了同学们的课余文化生活,陶冶了大家的情操,也增进了各个文学社之间的交流和联系,同时更有力地展现了诗歌这一传统文化艺术的魅力。

 学一学

[基础知识]

1. 概念

通讯是运用叙述、描写、抒情、议论等表达方式,及时具体、生动形象地反映新闻事件、典型人物、工作经验、地方风貌等内容的一种新闻报道,是报纸、电台、通讯社最常用的一种文体。

2. 特点

(1)新闻性。通讯的新闻性是指它能及时地发现现实生活中发生或发现的典型事件或典型人物,并迅速地如实报道,即新闻内容必须真实、典型,讲究时效。

（2）评论性。通讯以叙述事实为主,但在描述事实的过程中,可以根据需要就事实发表议论,或揭示思想意义,或表明观感评价。

（3）生动性。通讯不仅要用事实说话,还要用形象说话,有生动的环境、真实的场景、特写的画面。在叙述中,有情节,有波澜,讲究故事性和趣味性;在表达上,可以灵活运用描写、说明、议论、抒情等多种表达方式,增强立体感和现场感。

3. 种类

按报道内容分,有人物通讯、事件通讯、工作通讯和风貌通讯等。

按报道形式分,有集纳、专访、侧记、散记、采访札记、新闻故事等。

[写法指南]

1. 通讯的构成

通讯一般由标题、开头、主体和结尾组成。

（1）标题。与消息的标题一样,通讯的标题也强调用生动形象、简洁凝练的文字,根据服务主题和揭示内容的需要,或直接昭示主题,或含蓄点化主题,或启发读者理解主题,或显示基本内容,以确保紧紧抓住人们的眼球,吸引读者往下阅读。

（2）开头。通讯开头的主要作用是引导读者往下看,只有写得精彩动人,富有魅力,使人爱不释手,才能引起受众的阅读兴趣。因此,通讯的开头要紧扣主题,生动活泼,引人入胜。开头方法多种多样,比如开门见山式、设问式、悬念式、倒叙式、抒情式、议论式、引经据典式等。同时,开头要注意短小精悍,避免头重脚轻。

（3）正文。正文是通讯的主体,一般由生动的情节、现场的描绘、人物的言行、外界的评语等交叉组接而成。要合理布局,精心安排好层次,使之严密紧凑,波澜起伏,浑然一体。主体部分层次安排的方式要同通讯的总体结构方式相一致。这部分内容可以按时间的先后顺序展开,即纵式结构;又可在同一主题的统领下,并列写出几个不同的侧面,即横式结构;还可以两者相结合,即纵横式结构。

（4）结尾。结尾的写法非常灵活,常见的有:总结全文,深化主题;照应全文,首尾呼应;提出问题,发人深思;展望未来,引人遐想;引用诗歌,进一步点题。此外,还有即景抒情的、发出号召的、提出希望的等。

2. 通讯的写作要求

通讯的写作需要注意以下几点:

（1）提炼通讯主题

克鲁普斯卡娅曾介绍说:"列宁在做新闻编辑工作时,很重视选择那些政治上重要的、为大众所注意的、涉及最迫切问题的主题。"这段话在我国新闻界被认为是选择主题的准则。

"政治上重要的",是指选择和确定新闻主题时,要抓方向性、决策性的问题。

"为大众所注意的",是指选择和确定新闻主题时,要考虑人民群众所关心的问题和事物,做到急人民所急,想人民所想。

"涉及最迫切问题的",是指新闻主题不仅应当是正确的,合乎党的路线、方针、政策和人民的利益,而且还要对实际工作有指导意义。

(2)精选事迹材料

归纳起来,大体有三点要求:

① 围绕主题精选材料。选择材料要为表现主题服务。通讯里的材料,对说明主题、突出中心都应当起一定的作用。与主题无关的材料,即使它再生动形象,也应毫不可惜地舍弃。

② 选择反映事物本质的典型材料。典型材料是指所有材料中最具有代表性的、最能揭示事物本质、具有强大说服力的材料。在能说明主题的材料比较多的情况下,选用典型材料就尤为重要。

③ 选择鲜活、独特的材料。鲜活、独特的材料,是指一般人没有运用过,或大家熟视无睹却含有深刻含义,使人感到非同一般的材料。选择这样的材料写通讯,才能表现出深刻的思想,才能吸引人。

(3)巧用表现手法

在表达方式上,通讯常常以叙述和描写为主。写具体事例、交代情节的发展过程就要用叙述,写人的动作、对话、细节及心理活动就要运用描写的方法。在描写人物的言行和叙述典型事例时,必然带有作者的思想倾向性,或赞扬或贬斥,这就需要恰当地运用抒情和议论等表达方式,从而起到增强感染力、深化主题的作用。

在语言表达上,通讯的语言必须具体准确、形象生动、简练通俗。语言表述的内容必须具体,遵守新闻的真实性原则;通过白描手法加上符合事物本来面目的修辞手法,增强文字的可读性;尽量不用或少用受众感到生疏的词和生僻的字,对专业性、技术性强的词语,要作些说明或解释;在写作中要直截了当、直陈其事、斟酌字句,避免"绕口句型""穿靴戴帽"。

3. 通讯的结构

常用的通讯结构有以下几种形式:

(1)纵式

① 时间顺序式结构:以事件先后为顺序安排层次。这种结构,条理清晰,便于受众掌握事情的来龙去脉,令人一目了然。

② 逻辑递进式结构:按照事物发展的顺序或作者对所报道事物认识的顺序来安排层次。这种结构需正确把握各种材料在表达主题思想时的地位,如主与次、深与浅、因与果等。

③ 悬念式结构:在通讯的开头设置疑团,布下悬念,然后揭示事物的真相,释消疑团。运用这种结构形式,要有完整的情节,还要注意使布下的悬念与释消疑团两部分对应相顾、融为一体。

(2) 横式

① 空间转换式结构:围绕一个中心,将不同地点所发生的不同事情联系起来,形成一个整体。

② 并列式结构:按材料性质归类,并列地写几个不同的方面。这里有两种情况:一是先主后次的并列;二是同等重要的并列。

③ 对比式结构:从形式上看是并列,但内容却是一正一反或一新一旧。这种结构使事物矛盾对立的两个方面形成鲜明的对比、强烈的反差,给受众留下深刻的印象。

(3) 纵横式

① 纵横交叉结构:这种结构又叫复式结构,就是综合运用纵式结构和横式结构的方式来安排材料。这种结构,一般以纵式为主,横式为辅,纵横交错。

② "蒙太奇"式结构:这是将电影镜头的组合关系和连接方法("蒙太奇"手法),运用到通讯写作中的一种特殊的结构形式。

测一测

将下面的新闻稿改写成一篇有情节、有人物的通讯。

艺术设计学院领导给学生送温暖

2021年10月10日下午,艺术设计学院党总支书记×××、副院长×××、辅导员×××一行到母亲患病的艺术设计学院新生刘霆租住的房间,看望他们母子。给他们带去师生的情谊和温暖,送去了大家捐助的钱物。刘霆母子对学院的领导和师生非常感激。刘霆表示一定要好好学习,不辜负老师的期望和同学们的关爱。

练一练

教师节快要来了,对你喜欢的教师进行深入采访,选择几个不同侧面的材料写一篇人物通讯。

第六节 邀请函

"舍长,干嘛呢?"见小明在一张大红纸上忙碌着,舍友们都很好奇,一看,大红纸上赫然写着"邀请函"三个字。"舍长,邀请谁啊?""邀请你们啊!""什么有意思的事情啊?"

"我们学生会有一个迎新晚会,到时候大家都来啊!""欢迎我们啊,不错,我要去看看。""对啊,我以前从来没有过这样的待遇,一定得去看看。"看着舍友们高涨的情绪,小明干劲十足,不一会儿,一份标准的邀请函就完成了,"得赶快让更多人看到这份邀请。"……第二天下课期间,学校宣传栏前挤满了学生,每个同学脸上都洋溢着愉快的笑容。

看一看

迎新晚会邀请函

尊敬的各位领导、各位老师、各位同学:

年年岁岁花相似,岁岁年年人不同。2021年学生会"联通新势力"迎新晚会,兹定于2021年11月12日(周二)晚6时30分在校报告厅隆重上演。

迎新晚会是我校学生会同学展现自己风采的一次演出,更是我校学子们感谢领导和老师们辛勤培育的一次倾情演绎。在××老师的引荐下,今年我们有幸得到了江苏联通有限公司的友情赞助。届时,一台精彩的文艺晚会正期待着您的光临。

诚挚邀请!

学生会全体成员
2021年11月4日

学一学

[基础知识]

在一般情况下,邀请有正式与非正式之分。非正式的邀请,通常是以口头形式来表现的。相对而言,它显得要随便一些。正式的邀请,既讲究礼仪,又要设法使被邀请者备忘,故而多采用书面的形式。

邀请函的特点体现在以下四个方面:

礼貌性强。礼貌性是邀请函最显著的特征和基本原则。这体现在内容的赞美肯定和固定礼貌用语的使用上,强调双方和谐友好的交往。

感情诚挚。邀请函是为社交服务的专门文书,这使得它能够单纯地、充分地发散友好的感情信息,适宜于在特定的礼仪时机、场合,向礼仪对象表达专门诚挚的感情。

语言简洁明了。邀请函是现实生活中常用的一种日常应用写作文种,要注意语言的简洁明了,文字不要太多太深奥。

适用面广。邀请函使用于国际交往以及日常的各种社交活动中,而且适用于单位、企业、个人,使用范围非常广泛。

[写法指南]

邀请函的一般格式如下:

1. 标题

由名称和"邀请函"组成,一般可不写主办机关名称和"关于举办"的字样,如"中国素材网论坛邀请函"。"邀请函"三个字是完整的文种名称,与公文中的"函"是两种不同的文种,因此不宜拆开写成"关于邀请出席××会议的函"。

2. 称呼

邀请函的邀请对象一般有三种:

① 发送到单位的邀请函,要写上单位名称。由于邀请函是一种礼仪性文书,称呼中要用单称的写法,不宜统称,以示礼貌和尊重。

② 邀请函直接发给个人的,应当写个人姓名,前面加上"尊敬的"敬语词,后缀"先生""女士""同志"等。

③ 网上或报刊上公开发布的邀请函,由于对象不确定,可省略称呼,或以"敬启者"统称。

3. 正文

正文应逐项载明具体内容。开头部分写明举办会议的背景和目的,用"特邀请您出席(列席)"照应称呼,再用过渡句转入下文;主体部分可采用序号加小标题的形式写明具体事项;最后写明联系联络信息和联络方式;结尾处也可写"此致",再换行顶格写"敬礼",亦可省略。

4. 落款

因邀请函的标题一般不标注主办单位名称,因此落款处应当署主办单位名称并盖章。

5. 邀请时间

写明具体的年、月、日,比如"2021年3月1日"。

 测一测

1. 下面这则邀请函有语言不得体及标点使用不当的地方,请找出来加以改正。

邀 请 函

贵校第五届艺术节将于4月24日—30日举行。我们向教育系统的各位领导、教师

及各位家长、校友发出鼎力邀请。

届时,您会欣赏到花的绽放,舞的优雅;您会聆听琴的悠扬,歌的奔放……这里洋溢着青春的激情,激荡着创造的魅力,这里是心灵驰骋的原野,这里是放飞梦想的蓝天。

同行在热情相邀,孩子在期待,母校在召唤,恭候您的惠顾!

××中学
2021年4月10日

① 将_____改为_____;
② 将_____改为_____;
③ 将_____改为_____;
④ 将_____改为_____。

2. 下面这封邀请函的正文中有五处用语不当,请指出并加以改正。

尊敬的张晨刚先生:

第七届"上海国际图书馆论坛"将于2009年10月12日至15日在上海图书馆举行。作为大会组委会主席,我①荣幸地邀请您参加这次会议。

②如您所知,第七届"上海国际图书馆论坛"将③汇聚图书馆馆员、研究人员及专家学者们,共同就④与大会主题——"城市发展与图书馆服务"有关的最新研究成果以及未来发展趋势展开讨论。我们⑤诚挚地邀请您在本次论坛会议上⑥发表您的见解以抛砖引玉,并与⑦来自世界各地的同事就当今图书馆界的重要问题进行探讨。

随函⑧惠赠大会日程安排,⑨恳请您务必在2009年8月12日之前提交您的论文题目。请允许我再次感谢您为第七届"上海国际图书馆论坛"取得成功所做的努力,我们⑩热切地期待您的到来。

大会组委会主席　刘立新
2009年6月1日

序号:_____改为:_____。
序号:_____改为:_____。
序号:_____改为:_____。
序号:_____改为:_____。
序号:_____改为:_____。

练一练

1. 初中毕业已有十二年时间了,利用寒假时间,李磊准备在香格里拉咖啡厅203包间举行一次聚会,请你代李磊写一份邀请函,邀请初中同学参加。

2. ××职业高级中学即将在学校报告厅举行一次高二年级家长会,就学生面临的实习就业、高复及参加成人大专教育等方面的情况进行交流,请你代该学校写一份家长会邀请函,并附上一份回执。

第七节 迎送致辞类

写完了邀请函的小明还没有松口气,又接到了一项新的任务:在迎新晚会上作为学生会代表的小刚生病了,正在住院,那天没办法到现场,于是发言的任务就交给了小明。小明又各处去请教学习,熬了几天几夜,终于将讲话稿写好了。2019年11月12日晚6点30分"联通新势力"迎新晚会正式开始,小明作为学生会代表发表了讲话。

看一看

迎新大会致辞

尊敬的各位老师,亲爱的同学们:

  大家好!

  年年开学日,岁岁新来人。新的学年,校园里又迎来了一批新的学子。首先请允许我代表学校党委、校行政和全院师生,对2019级1000名新同学表示最热烈的欢迎和最诚挚的祝福。

  欢迎你们来到××学校,祝福你们从此开启新的征程。你们是××学校新鲜的血液,对于你们的加盟,我们感到无比的骄傲和自豪!欢迎你们的同时,也真诚地希望你们在这里能够学到真知识、真本领,学习、生活愉快!

  职校三年里,我们必须从知识、心理、能力、身体等方面作好锻炼与储备,为将来到社会打下坚实的基础。我想套用"一个中心、两个基本点"来概括职校生活。一个中心即紧紧抓住学习这个中心任务不放松。要学会读书,学会思考。学习是一种态度、一种理念、一种生活方式、一种思维习惯,它博大精深,历久弥新。学习就意味着接受新思想,吸纳新观点,开拓新视野,探索新方法;学习就意味着求真务实,谦虚谨慎,刻苦努力,只争朝夕。你不仅要从书本中学习,还要从别人身上学习,从生活中学习,养成终生学习的观念。"两个基本点"即学会做人、学会做事。要好好利用这三年时光学会如何融入社会、如何和别人合作,在社会活动中培养领导能力、人际交往能力、沟通协调能力等。我们不但要具有健全的人格,还要具有服务社会的一技之长,前者是我们感受幸福人生的保证,而后者则是我们立足社会的基础。学会做事,不是高谈阔论,不要只想"他没什么了不起,我要努力,比他做得还要好",关键是你做了没有。要在苦读书、勤思考的前提下,勇于实践,在实践中提高做事的能力,要有敢为人先的气概,要有不怕失败的勇气。

"一个中心、两个基本点"换句话说就是"三个学会",即学会知识,学会做人,学会做事,要认认真真学习,堂堂正正做人,踏踏实实做事。这也是我们对大家的要求。

同学们,不管此前你们是否相识,此刻你们因同样的选择而相聚、相知。我们在此郑重承诺:在未来的岁月里,我们将以饱满的热情、淳朴的真情为你们的成功架设云梯,为你们的辉煌铺就通途。未来的岁月里,如果你们有困难,请告诉我们;如果你们有疑惑,也请告诉我们;我们有义务和责任为你们在学业道路上的顺利前行肃清羁绊,除却障碍。

最后,我想送给大家一句话,"天道酬勤",请相信没有白流的汗水,没有白费的努力,我相信,在这里,你将度过也许不是你最幸福,肯定不是你最灿烂,但必定是你最怀念的一段时光! 预祝各位同学新学年学业有成,学习进步!

谢谢大家!

学生会全体成员
2019 年 11 月 10 日

学一学

[基础知识]

1. 适用范围

迎送致辞类文书通常都是单位领导出席重要社交礼仪活动时所用,一般是在机关、团体、企事业单位重大节日、开业典礼、重要纪念性会议或活动等社交礼仪场合,主客双方为了表达欢迎、欢送、答谢、祝福等意愿而使用的一种社交礼仪场合讲话。

2. 特点

(1) 形式上具有礼仪性。此类文书是在特定场合使用的,根据不同的场合要使用一些特定用语,要特别注意礼貌、礼节,称呼用尊称,表达要委婉,措辞要谨慎,用语要准确、热情。

(2) 感情上具有亲和力。因为要向对方表达欢迎或欢送、祝福、希望等,所以要感情饱满,诚挚热情,具有感染力和亲和力,能够使在场的人都能有宾至如归的感觉。

(3) 内容上简短明了。致辞作为社交礼仪活动的序曲,必须简洁明了,不能长篇大论,使人感觉乏味。

(4) 语言上文白贯通性。迎送致辞类文书因为是在社交礼仪场合使用,所以语言应该优雅得体、庄重大方,这样的语言能够提升发言人的形象;同时因为是在现场当面向宾客口头表达应用的,所以口语化也是必然要求,在遣词用语上要运用简洁又富有生活情趣的语言,拉近主人同来宾的关系,营造和谐亲切的氛围。

3. 种类

主要包括欢迎词、欢送词、祝酒词、答谢词、祝贺词等。

欢迎词(欢送词)是主人在迎接(送别)宾客的仪式或宴会上向宾客表示欢迎(欢送)的致辞讲话稿。

祝酒词是在宴会上使用的,或者是主人表示欢迎或欢送、问候之辞,或者是宾客表达感谢、祝愿之意,有时(宴会场合)可以和欢迎词互用。

答谢词是受到礼遇一方在欢迎或欢送仪式、喜庆宴会、授奖大会、礼仪交往等场合向主人的欢迎或欢送、迎接、接待和对自己的帮助等表示感谢使用的致辞讲话稿。

祝贺词又称贺辞、祝辞,是在特定场合对人或事表示美好祝愿的公关礼仪文书,按照使用场合和内容的不同,又可以分为寿诞祝贺词、节日祝贺词、事业祝贺词、婚姻祝贺词等。

[写法指南]

1. 标题

标题一般由致辞人、场合和文种组成。在写作标题时可以直接使用文种命名,如"欢迎词""欢送词""答谢词"等;或者是文种结合某项内容命名,如"在欢迎××代表团大会上的欢迎词""×××在×××国际研讨会上的祝酒词"。

2. 称谓

与书信写法相似,顶格写对出席者的称呼。称谓要有敬辞并写全称,如"尊敬的总理阁下""尊敬的××市代表团朋友们"等。称呼中要注意包含所有来宾,因此在写作前要调查清楚来宾的具体情况,做到既要准确又要全面。层级称呼要先宾后主、先主宾后次宾、先上级后下级、先长后幼。

3. 正文

一般由三部分组成:开头、主体、结语。不同种类具体内容的安排有所不同。开头和结尾往往有模式化的常用语,如开头常用"我谨代表××向你们表示……",结尾常用祝颂语如"祝各位身体健康、精神愉快""为我们的友谊干杯""预祝朋友们访问获得圆满成功""祖国人民欢迎你们胜利归来"等。

(1) 欢迎词开头一般是致辞人对自己和来宾作简要介绍,对对方的到来表示热忱的欢迎和诚挚的问候;主体部分说明会议、活动、来访的目的、意义、作用等,也可回顾双方交往的历史、所取得的成就等;结尾可再次对来宾表示欢迎,并表达对对方将要展开的活动的美好祝愿。

(2) 欢送词开头表达对对方离开的不舍之情和深情祝福。如果是针对访问、调查等,主体部分一般是回顾并阐述对方来访活动及双方合作共处中取得的成就;如果是针对某个人或集体离开现位置前往新的环境工作或学习,则要对被欢送对象的工作、学习等方面及双方情谊作回顾,对对方进入新的环境工作或学习的意义作说明。结尾部分表达惜别之情和期待重聚的愿望,并对对方的离开表示美好祝愿。

（3）答谢词开头重在吐露心声，表达对对方的感谢；主体部分一般概括叙述双方交往和友谊，重点落在对方给予的支持、帮助、款待上；结尾再次表示感谢，并表示美好祝愿。

（4）祝词首先要交代祝颂缘由；主体部分说明所要祝贺事项（人物）的内容、目的、意义（成绩）等；结尾表示祝愿，提出鼓励或希望等。

4. 落款

致辞结束后，署上致辞单位名称以及致辞人身份、姓名，最后书写成文日期。形式基本同书信。

测一测

分析下面这篇答谢词中存在的问题。

答 谢 词

各位亲朋好友、先生们、女士们：今天我无比的快乐，更无比的难忘，今天是我爷爷80岁生日，我们的长辈、亲戚、朋友百忙当中远道而来，给今天带来了欢乐、喜悦，带来了真诚的祝福。

借此机会，我还要真诚地感谢我的爸爸，我亲爱的爸爸，他把我养育成人。

各位，请大家与我们一起分享这幸福快乐的夜晚。

练一练

青青校园，每一年，有新生走进，同时又有无数学子走出，踏上新的岗位。请你以在校生的身份写一份欢送毕业生的致辞。

要求感情真挚，格式规范，语言简练，符合欢送词写作的要求。字数500字左右。

第八节　竞聘演说词

不知不觉小明在广播站度过了精彩的一年。在这一年里，小明大展拳脚，播新闻，诵美文，搞活动，写文稿……忙得不亦乐乎。这一年的培养，使他的能力一点不逊于学哥学姐们，现在新的机会又到了，广播站老站长毕业了，要公开竞聘新站长。"这次我一定要靠实力跟大家竞争。"

知己知彼，百战不殆，小明敲开团委老师的大门，向老师请教。"小明，你竞聘演讲词写了没？""这个是什么啊？"小明心一沉，还真没想过。看到小明焦急的目光，老师安慰他："别急，你主要把你这一年的成绩展现给大家，让大家认可你，即可。我这有本书，你拿回去研究研究，里面会教你竞聘演讲词该怎么写。"带着对老师的感激，小明立马着手研究起来，"原来演讲词是这样子写的啊。"认真琢磨完以后，小明沉静下来，慢慢思索了片刻，带着自信，完成了个人的第一份竞聘演讲词。

时间过得很快，终于到了竞聘的关键时刻，凭着自己的信心，出色的演讲，当然也少不了花心思写的这份讲稿，小明当之无愧地成为广播站的新一任站长。

看一看

竞聘站长的演说词

尊敬的各位领导老师，亲爱的同学们：

　　大家晚上好！我是来自广播站播音部的一名干事，我叫小明。很荣幸能够站在这里参加本届广播站站委会的竞选。我竞选的是广播站站长一职，或许会有些人暗自发笑：这小男生怎么这么自负？可是我想说，这不是自负，这是自信！一个人如果连自己都不相信，那么他就没有资格做任何事，即使做了，也很难成功！我之所以能够站在这里，是因为我自信我能做好！

　　当然，能力也很重要，因为一个人的信心和能力永远是成正比的。自从进入了广播站，我觉得我各方面能力都有了很大的提高，凭着极大的热情和干练的处事，我学会了很多很多，不仅仅是在播音做节目这一方面，还有其他的部分。例如，录音软件的使用，并且制作过几期广告，报时，以及片头，同时也掌握了播音器材的使用。在人际交往方面，我本身的性格就很开朗，所以，与老师、组织之间的交流不成问题，而内部成员的关系我相信我也能够协调好。

　　我深知，一个好的领导者，必须要做到做任何事都要有强烈的责任感，要认真履行自己的职责。在管理的同时，要严格要求自己，因为自己的一举一动都被同学们看在眼里，如果连自己都管不好，如何去带领别人？当然，管理时一定要有耐心，要顾及同学们的感受，不要去品尝"高处不胜寒"的滋味，否则，会给今后的工作带来许多困难。当然，即使有困难，也应勇敢面对。

加入站委会,是一种荣誉,更是一种责任。我知道这条路上有许多挑战,但我自信我有能力担起这副担子,因为我的热情,我的毅力,我实事求是的工作态度。如果我有幸当选,我将以良好的精神状态,用心地服务于广播站,使同学们的校园生活更加多姿多彩。

我相信再多灿烂的话语只是一瞬间的智慧,朴实的行动才是开在成功路上的鲜花。希望大家能够支持我,谢谢!

学一学

[基础知识]

1. 概念

竞聘演说词,是我国人事制度改革中引进竞争机制后出现的一个新文种,一般按职位类属进行分类,有机关干部竞聘演讲稿、企业干部竞聘演讲稿、事业干部竞聘演讲稿等。

2. 特点

竞聘演说词的特点如下:

竞争性。凸显人无我有、人有我优、人优我特的竞争优势。

目的性。竞聘演说词都是为了竞聘成功这一目的而写的。

生动性。要吸引人,具有口头宣传的作用。

自评性。要全面而公正地评价自己。

[写法指南]

1. 竞聘演说词的写作要求

竞聘演说词需要注意以下写作要求:

(1) 气势要先声夺人

竞聘演讲的一个重要特征就是具有竞争性,而竞争的实质,是争取听众的响应和支持。做到这一点的有效方法之一,就是要有气势,"气盛宜言"。这气势不是霸气,不是骄气,不是傲气,而是浩然正气。有了渊博的才识、正大的精神和对所担任职务的深厚感情,竞聘者就不难找到恰当的语言表达形式。

(2) 态度要真诚老实

竞聘演讲其实就是"毛遂自荐"。自荐,当然应该将自己优秀的方面展示出来,让他人了解自己。但要注意的是,在"展示"时,态度要真诚老实,有一分能耐说一分能耐,不能为了自荐成功而说大话,说谎话。

(3) 语言要简练有力

老舍先生说:"简练就是话说得少,而意包含得多。"竞聘演讲虽是宣传自己的好时机,但也决不可"长篇累牍",应该用简练有力的语言把自己的思想表达出来。

（4）内心要充满自信

著名演说家戴尔·卡耐基曾说过："不要怕推销自己。只要你认为自己有才华,你就应该认为自己有资格担任这个或那个职务。"当你充满自信时,你站在演讲台上,面对众人,就会从容不迫,就会以最好的心态来展示你自己。当然,自信必须建立在丰富的知识和经验的基础上。这样的自信,才会成为你竞聘的力量,变成你工作的动力。

2. 竞聘演说词的结构

该文体目前尚无规范的格式,不过,在实践使用中已形成一些大体的写法。一般的竞聘演说词,除标题、称谓和结尾外,正文部分可从四个方面来写。

（1）标题

标题有三种写法:文种标题法、公文标题法、文章标题法。文种标题法是只标"竞聘演说词""竞聘词";公文标题法是由竞聘人和文种或竞聘职务和文种构成,如"关于竞聘××公司副经理的演说词";文章标题法,可以采用单行标题形式,也可采用正副标题形式。

（2）称谓

主要是指对听众的称呼,书写格式同一般书信。称谓应写得恰如其分,表现出应有的礼貌。

（3）正文

正文第一部分主要写目的和态度。目的是说明为什么要参加竞聘;态度则表明了对竞聘的决心。

正文第二部分主要介绍自己的经历,展示自己参加竞争的优势所在。

正文第三部分主要写竞争成功后的奋斗目标。竞聘者应根据不同的行业、职务,提出不同的任务和目标。这部分,用到数字、指标时,力求量化,无法量化的,力求具体化。

正文第四部分是第三部分的延伸,主要写实现奋斗目标的方法和措施。写时重点突出,使人觉得切实可行。

（4）结尾

竞聘演说词的结尾要简单,不宜拉得太长。

总之,竞聘词的写作,要求目标明确,内容有竞争性、真实,措施得当,语言准确。

测一测

请从下面一段竞聘演说词中找出三处错误,并加以改正。

敬爱的老师,亲爱的同学们:

大家好!

今天我站在这里是为了竞选班长这个职位,我的心情是无比的激动与感慨。激动是因为我有资格竞选这个班的班长,感慨是因为我再也不是那个缺少勇气的女孩儿。

校 园 篇

我认为我有资格担当班长这个职务。第一,我的学习成绩还算可以;第二,我是老师的得力助手;第三,我热情开朗,关心班级,热爱集体,有爱心,能够做一个合格的班长。

戴尔卡·耐基说过,不要怕推销自己,只要你认为自己有资格,那你就能够担任这个或那个职务。挫折磨练了我,生活锻炼了我,所以,我一定能当好班长这个职务。

请大家支持我!

谢谢大家!

①＿＿＿＿＿＿＿＿＿＿＿＿＿＿＿＿＿＿＿＿＿＿＿＿＿＿＿＿＿＿＿＿＿＿＿＿＿

②＿＿＿＿＿＿＿＿＿＿＿＿＿＿＿＿＿＿＿＿＿＿＿＿＿＿＿＿＿＿＿＿＿＿＿＿＿

③＿＿＿＿＿＿＿＿＿＿＿＿＿＿＿＿＿＿＿＿＿＿＿＿＿＿＿＿＿＿＿＿＿＿＿＿＿

2. 阅读下面一则竞聘演讲词,请你分析一下它的不当之处。

敬爱的老师,亲爱的同学们:

大家好,这次我竞选的职务是的文娱委员。这是我第一次竞选班委,我竞选文娱委员是因为我对文娱活动有着天生的热爱。我是一个性格活泼开朗的小姑娘,从小就爱唱爱跳,在小学一些集体活动中,我也曾小试锋芒,受到了老师和同学们的称赞。

我认为文娱活动是让每个学生施展自己才华的舞台,如果我当上了文娱委员,我一定会当好老师的小助手。在每逢节假日的时候,和同学们一起设计有趣的活动,做得尽善尽美,与众不同。

如果今天我的竞选没有成功,我也不会灰心,因为这说明我还有很大的进步空间。不过,我还是希望大家可以支持我,给我投上宝贵的一票!

①＿＿＿＿＿＿＿＿＿＿＿＿＿＿＿＿＿＿＿＿＿＿＿＿＿＿＿＿＿＿＿＿＿＿＿＿＿

②＿＿＿＿＿＿＿＿＿＿＿＿＿＿＿＿＿＿＿＿＿＿＿＿＿＿＿＿＿＿＿＿＿＿＿＿＿

③＿＿＿＿＿＿＿＿＿＿＿＿＿＿＿＿＿＿＿＿＿＿＿＿＿＿＿＿＿＿＿＿＿＿＿＿＿

练一练

1. 作为校学生会主席候选人之一,请你写一篇竞聘演说词。
2. 班级班干部改选,请你写一篇学习委员竞聘演说词。

第九节 通 知

小明正在教室里看着书,他总是利用一切能利用的时间充实自己。这时,好朋友小涛走了过来,拉着他激动地说:"学生会招人了,咱们准备准备,去应聘吧。"小明听到这话也很激动:"你怎么知道的?""橱窗里贴着通知呢!"小明赶紧拉着小涛奔出教室,站在橱窗前,他看到了一则通知,这则通知让小明心潮澎湃了起来。

看一看

校学生会关于招新的通知

为了进一步加强学生干部队伍建设,学生会拟选拔一些表现好、责任心强、具有一定工作组织能力的学生干部,以逐步建立和健全学生会机构,创建一个学生会"自我管理、自我教育、自我服务"的学生自治组织,丰富学校的精神文化生活,积极推进我校的素质教育,不断提高学生的综合素质,以适应新时代发展的要求。同时,也为了使学生干部任免这项工作公开化、民主化、制度化,经团委决定,特向本校2019、2020级所有在校学生招聘学生会有关部门的干部,具体事项如下:

1. 学生会各部门的空缺职位:学生会副主席一名,学习部副部长一名,生活部部长一名、副部长一名、成员20名,文体部副部长一名、成员15名(有文娱方面专长或书写较为工整秀丽者优先),校舞蹈队队长一名。

2. 招聘条件:思想表现好,学习成绩优良,身体健康,责任心强,并且具备一定的工作组织能力的2019、2020级学生。

3. 招聘程序:填写个人简历—资格审查—竞选演讲—统一面试—公示(考核)—试用—任命。

4. 报名时间:×月×日至×月×日

报名方式:采取班主任推荐或学生自主报名形式。各班班长负责把应聘学生名单上交到团委(庄老师处),并领取报名表。

报名地点:学校办公楼四楼团委办公室。

此项招聘工作时间紧,任务重,请各班班干部认真组织好所在班级的学生报名工作,积极推荐一些优秀的学生干部参与此次竞聘。竞选时间、面试时间待定。

校学生会
××××年×月×日

学一学

[基础知识]

1. 概念

通知是指批转下级机关的公文,转发上级机关和不相隶属机关的公文,传达要求下级机关办理和需要有关单位周知或者执行的事项,任免人员时使用的公文。

2. 特点

通知具有使用范围广、告知及时性、使用频率高、种类多等特点。

3. 种类

通知按其用法可以分为以下几类:

(1)发布性通知。主要用于向所属下级机关发布有关行政法令和规章制度,具有很强的政策性。

(2)批转(转发)性通知。主要包括批转性通知和转发性通知两类,用于批转下级机关的公文、转发上级机关和不相隶属机关的公文。

(3)事务性通知。主要用于处理日常工作中带事务性的事项。

(4)部署性通知。适用于部署工作、传达要求下级机关办理和需要有关单位周知或执行的事项。

(5)任免通知。主要用于任免、聘用干部。按干部管理权限,由上级机关决定任免人员,再把任免决定用通知行文在指定范围公布。

(6)会议通知。主要用于组织召开会议,向参加会议的机关单位或有关人员告知会议内容、时间、地点及注意事项等。

[写法指南]

通知因为适用范围广,不同类型的通知作用也各不相同,因而在写法上不完全一样,写作时要注意根据实际情况灵活操作。通知的结构一般由标题、主送机关、正文、落款等几个部分组成。

1. 标题

通知的标题一般由发文机关名称、事由和文种名称构成。当落款中署有发文机关名称时,标题中发文机关名称可省略,如《××市人民政府办公厅关于开展消防安全工作检查验收的通知》,如落款为"××市人民政府办公厅",则标题可简写成《关于开展消防安全工作检查验收的通知》。批转(转发)性通知标题按照发文机关名称、批转(或转发)、被转的文件名、通知模式书写,如《国务院办公厅转发财政部关于农业综合开发若干政策的通知》。当通知的具体事项非常紧急时,可以在文种"通知"前加上"紧急"字样,如《国务院关于切实落实政策保证市场供应维护副食品价格稳定的紧急通知》。

2. 主送机关

主送机关也称为受文对象,一般在标题的下一行顶格写,后加冒号,如主送机关有多个,则由主至次排列,同类用顿号隔开,不同类用逗号隔开。主送机关必须用全称或者规范化简称。普发性通知可以省去主送机关。

3. 正文

正文一般由开头、主体和结尾三部分构成。开头写制发通知的原因、依据和目的。主体部分重点说明具体通知事项,内容多的可采用条款式,要求条理清晰,逻辑严密。结尾可以写要求、希望等,也可因文而异,不写结尾。

(1) 发布性通知

一般先写明发布文件的名称和发布意义,再表明对这一文件的态度并提出实施要求。

(2) 批转(转发)性通知

一般先写明被批转(转发)的文件,再提出实施意见和执行要求,常用"现将……批转(转发)给你们,请参照(遵照)执行"的惯用语。

(3) 事务性通知

一般只需将通知事项写清楚即可,不必发表议论;结构上既可用条款式,也可用分段陈述的形式。

(4) 部署性通知

一般需要把工作来由、工作内容、工作要求三个方面写清楚,多数用条款的形式将内容和要求结合在一起逐条列出。

(5) 任免通知

一般先写明任免依据,再写明任免人员的姓名和职务,有的还详细写明任期和待遇等。

(6) 会议通知

一般要说明召开会议的目的和意义,并准确无误地写明会议名称、时间、地点、内容、参会人员、报到时间和地点、费用、准备材料和其他注意事项等。

4. 落款

在正文末的右下方署上发文单位,加盖印章,并写明发文日期。印章要骑年盖月。

测一测

1. 修改下列通知标题。

① 关于夏粮入库的通知

② 强台风紧急通知

③ 关于召开征购动员大会的通知

④ ××公司关于开展春季运动会的决定的通知

2. 请修改下面的公文,先找出错误,再进行修改。

梁溪县卫生局《会议通知》

全县各食品加工行业:

根据上级关于对食品加工行业的卫生状况进行一次全面大检查的通知精神,决定召

开我县食品加工卫生工作会议,部署卫生检查工作,现将有关事项通知如下:
一、会议时间:2019年10月24日至25日。10月23日下午两时至五时报到。
二、参加会议人员:全县各食品加工单位来一名负责人,各乡、镇及县工商联请派出一名代表列席会议。
三、住宿费回单位报销,伙食费个人自理,按有关财政规定给以补助。

梁溪县卫生局(公章)

2019年9月27日

3. 指出下面一则通知在格式和内容上的五处错、漏。

全校共青团员

经研究,定于五月二日下午五时召开团员大会,布置召开"五四"青年节纪念会的有关工作。希大家按时参加。

五月一日
升平中学团总支

练一练

三八妇女节将要到来了,学校为了丰富教师的生活,加强教师之间的交流,决定举办拔河比赛。请你以学校的名义拟一份关于学校将要举行拔河比赛的通知。

第十节　申请书

最近学校里贴出通知,培养和吸收先进青少年加入团组织。在初中时,小明一直没有好好学习,所以也就失去了入团的机会;进入职校,小明学习认真踏实,还积极参加学校的活动,他觉得自己应该有资格加入共青团了。那就先写一份申请交给团支部书记吧。他到处去请教班上的团员,终于写成了一份入团申请书。

看一看

入团申请书

敬爱的学校团支部:
　　我志愿加入中国共青团,并愿意为团的事业奋斗终生!

通过团章的学习，我认为作为一名职校的学生，一名21世纪的青年，必须积极争取加入先进青年的群众组织——中国共产主义青年团。

中国共产主义青年团是中国共产党领导的先进青年的群众组织，是广大青年在实践中学习共产主义的学校，是中国共产党的助手和后备军。

中国共产主义青年团原名中国社会主义青年团。在中国现在的情况下，我们青年就要发挥自己的作用，把自己的思想和政治觉悟提高到一个新的高度，做一个有理想、有道德、有文化、有纪律的青年。就因为这样，我更应该加入这个由中国共产党领导的先进青年的群众组织，把自己提高到一个新的高度。正因为如此，我要努力地争取加入中国共产主义青年团。

我向团委申请：我会用自己的实际行动去积极争取，以期早日加入共青团。如果我没有被批准，我决不放弃，我会继续努力，我会以团员的标准来要求自己。请团委考验我。

此致
敬礼！

申请人：李小明
2019年12月1日

学一学

[基础知识]

1. 概念

申请书是个人或团体因某种需要而向上级有关部门、组织、领导、社会团体表达愿望，提出请求的一种使用十分广泛的专用书信。

2. 特点

（1）请求性

"申请"顾名思义是申述自己的理由，有所请求的意思。无论是个人在政治生活上入团入党的申请，还是个人、单位在其他方面的申请，均是一种请求满足要求的公用文书。所以，请求的特性是申请书的一个根本特点。

（2）采用书信体格式

申请书是一种专用书信，因此必须按照书信的格式来行文。内容因要求不同而不同，形式基本保持不变。

（3）个人向组织、下级向上级的行文方式

这是由申请书的性质所决定的，所以申请书在语言的使用上、语言的选择上均需符合这种下对上的行文标准。

[写法指南]

申请书由标题、称呼、正文、结语、落款组成。

第一行是标题，一般应写明申请内容，如"开业申请书""入团申请书"。

第二行是称呼，应写明办理申请事项的主管部门。

接下来是正文。正文应先说明申请的理由和申请事项。要写得直截了当，不能含糊隐晦；另外，还应把自己具备的条件、优势说清楚。写入党、入团申请，不仅要表明自己的决心，而且还有写出如果不能被批准应抱怎样的正确态度。正文后面的致敬语（结语）以及署名、日期与一般书信基本相同。

 测一测

分析下面的申请书，指出其中的不妥之处。

申请书

××市工商行政管理局：

  为发挥个体经济、私营经济对社会主义经济有益的、必要的补充作用，我申请开办一家个体家用电器修理门市部。

  我自前年6月从中专毕业后，就一直坚持自学无线电和家用电器维修技术，并参加市工人文化宫举办的专业家电维修技术培训班的学习。现已掌握了修理国产的和进口的电视机、收音机、录音机、电冰箱、洗衣机的技术，曾业余为亲友修好不少家用电器，他们都非常满意。为了给社会、给人民做点贡献，也为改变我家生活困境，特申请开办一家个体户家用电器修理门市部。所需店房、修理工具和开店资金等，均已就绪。恳请考核我的技术，审查开业条件，批准我的要求，发给《个体工商户开业申请登记表》，办好登记发证手续，以便早日开业。

  开业后，我保证遵守国家一切政策、法令，维护市场秩序；按章准时交纳税金，如实反映服务情况；做到热情为用户和群众服务，价格公平、合理，不高于国营单位价格。

此致

  敬礼

××年×月×日
申请人：××

 练一练

请不是团员的同学写一份入团申请书，已经是团员的同学，写一份入党申请书。

第十一节　会议记录

"小明,明天下午有个学生会会议,你来负责会议记录。""啊,什么?"小明以为自己听错了,这么快学生会就布置新任务了?"对,你准备一下,记录员孙云生病了,所以这次你负责。""可是我不会啊。""谁都是从不会到会的,主席就是觉得你的学习能力比较强,所以选你担任这项比较重要的工作,还有一天时间,你抓紧时间学习一下。"

得到肯定,小明心里甜甜的,立即翻出学生会以往的一些会议记录参研起来。看着工整的字迹,小明脸红了,"看来要练字了。"小明发现自己要学的居然还有很多很多,小明暗下决心,等会议结束后,自己要努力提高各方面的能力。第二天的会议开得很成功,存档的会议记录也得到了学生会主席的认可。

看一看

××职业学校学生会2019年第×次会议记录

时间:2019年3月26日下午4时

地点:校学生会办公室

出席人:伍晶(学生会主席)、王玠(学习部部长)、郑雨(宣传部部长)、柏文(文娱部部长)、宁军(体育部部长)、钱义(生活部部长)

缺席人:周彬(副主席,因病)

列席人:关小群(老师)

主持人:伍晶

记录人:李小明(广播站站长)

会议内容:研究纪念五四运动100周年的活动

一、主持人讲话

今年5月4日是五四运动100周年纪念日,如何开展纪念活动,请各位充分发表意见。

二、发言

王玠:我们学习部准备围绕纪念五四运动100周年举办题为"反帝反封建的伟大革

命运动"的讲座,举行有关五四运动的知识竞赛。

郑雨:围绕纪念五四运动100周年,宣传部准备做两件事:1.营造氛围。校园和教室的橱窗、墙报的内容均突出"五四";校广播站从4月下旬至5月上旬每天播出有关"五四"的知识及歌曲。2.举办"发扬'五四'精神,迎接新世纪挑战"的演讲比赛。

柏文:文娱部准备在5月4日召开的纪念会上献上一台文艺节目。

宁军:为纪念"五四",体育部组织一年级举行篮球比赛,二年级举行排球比赛。

钱义:为搞好这次纪念活动,我们生活部一要搞好后勤服务工作,二要搞好全校的卫生工作,干干净净迎"五四"。

三、决议

1. 由学生会主席草拟一份纪念活动计划,报学生工作处审批。

2. 召开班长会议,布置纪念活动的内容,提出要求。

3. 学校的宣传工作(橱窗、墙报、广播、演讲比赛)由宣传部组织各班宣传委员去做,演讲比赛于4月30日举行。

4. 讲座、知识竞赛由学习部组织各班学习委员去搞,5月2日前完成。

5. 文艺节目由文娱部组织各班文娱委员筹备,在5月4日的纪念会上演出。

6. 篮、排球预赛由体育部统一安排时间、场地,决赛安排在5月3日下午进行。

7. 为使各项活动、竞赛有序进行,各部长拟一份详细计划报主席处。各项竞赛的成绩于5月3日下午6时前交与主席,以便在5月4日下午的纪念会上宣布、颁奖。

下午5时30分散会。

主持人:伍晶(签名)
记录人:李小明(签名)

学一学

[基础知识]

在会议过程中,由记录人员把会议的组织情况和具体内容记录下来,就形成了会议记录。"记"有详记与略记之别。略记是记会议大要,记会议上的重要或主要言论。详记则要求记录的项目必须完备,记录的言论必须详细完整。若需要留下包括上述内容的会议记录则要靠"录"。"录"有笔录、音录和影像录几种,对会议记录而言,音录、像录通常只是手段,最终还要将录下的内容还原成文字。笔录也常常要借助音录、像录,以之作为记录内容最大限度地再现会议情境的保证。

[写法指南]

1. 会议记录的构成

会议记录一般由标题、会议基本情况、会议内容、会议结尾四部分组成。

（1）标题

一般由开会单位、会议名称、文种名称构成，如《××大学校长办公会记录》；有的由会议内容、文种名称构成，如《关于加强学生思想工作座谈会记录》。

（2）会议基本情况

主要包括会议时间、地点、出席人、缺席人、列席人、主持人、记录人、记录员、议题等内容。每项分行依次排列，具体要求如下：

① 会议时间，即会议召开的具体时间(年、月、日、时，几点至几点)。

② 会议地点，即会议召开的具体地点(某间会议室)。

③ 出席人，即按照规定必须参加的人员。一般由出席人亲自签到，也可由记录人记录。

④ 缺席人。写明缺席人的姓名和缺席原因。

⑤ 列席人，即不属于会议正式人员，但与会议有关的各方面人员。写明姓名、职务或单位名称，可由列席人亲自签到，也可由记录人填写。

⑥ 主持人。一般写明姓名，在姓名前冠写职衔。

⑦ 记录人。写明姓名。

⑧ 议题，即会议围绕讨论的主题内容，议题多的可分条列项写出。

（3）会议内容

会议内容是会议记录的主体，包括主持人开场白、大会主题报告、讨论发言、会议决议等内容。要按会议议程和发言顺序，记录发言人姓名和发言内容，可详细记录，也可摘要记录。

（4）结尾

一般另起一行，空两格写"散会"。在会议记录的右下方，由会议主持人和记录人签名，以示负责。

2. 会议记录的要求

会议记录的基本要求如下：

（1）准确写明会议名称(要写全称)，开会时间、地点，会议性质。

（2）详细记下会议主持人、出席会议应到和实到人数，缺席、迟到或早退人数及其姓名、职务，记录者姓名。如果是群众性大会，只要记参加的对象和总人数，以及出席会议的较重要的领导成员即可。如果是某些重要的会议，出席对象来自不同单位，应设置签名簿，请出席者签署姓名、单位、职务等。

（3）忠实记录会议上的发言和有关动态。会议发言的内容是记录的重点。其他会议动态，如发言中插话、笑声、掌声、临时中断以及别的重要的会场情况等，也应予以记录。

记录发言可分摘要与全文两种。多数会议只要记录发言要点，即把发言者讲了哪几个问题，每一个问题的基本观点与主要事实、结论，对别人发言的态度等，作摘要式的记录，不必"有闻必录"。某些特别重要的会议或特别重要人物的发言，需要记下全部内容。

有录音机的,可先录音,会后再整理出全文;没有录音条件的,应由速记人员担任记录;没有速记人员,可以多配几个记得快的人担任记录,以便会后互相校对补充。

（4）记录会议的结果,如会议的决定、决议或表决等情况。

会议记录要求忠于事实,不能夹杂记录者的任何个人情感,更不允许有意增删发言内容。会议记录一般不宜公开发表,如需发表,应征得发言者的审阅同意。

测一测

1. 指出下列会议记录中的不当之处。

会 议 记 录

地点:本校少先队大队部

时间:五月二十日

出席人:少先队大队长和全体大队委员

缺席人:少先队大队委员胡启亮

1. 少先队大队长提出这次大队委员会讨论的内容:怎样庆祝"六一"儿童节。
2. 决议。(略)

此决议送学校领导审阅。

找错:

① _____

② _____

③ _____

④ _____

2. 指出下列会议记录中的不当之处。

××公司党支部会议记录

时间:2021年3月8日

地点:会议室

出席:赵×× 白×× 于×× 刘×× 郑×× 刘××

记录人:刘××

主持人:赵××

首先由赵××发言。接着进行了两项内容。第一项是对入党积极分子的培养情况进行了总结。对各人的缺点和进步进行分析,提出了改进之处,支部成员一致同意将蔡××、尚××列为党建对象。

第二项是召开了党内民主生活会,全体党员进行了自我检查,并开展了相互批评。张××认为支部成员的工作还不够细致,工作方法还应改进。支部书记赵××对此进行了解释,并表示将尽力改善。

散会。

找错:

① _____
② _____
③ _____
④ _____
⑤ _____
⑥ _____

 练一练

1. 假设你是班级的组织委员,请你编写一份班委会"迎期中考"会议记录,注意格式正确。
2. 作为家长会学生代表之一,请你为班级举办的家长会写一份会议记录。

第十二节　倡议书

最近,无论是在教学楼还是在宿舍,小明总会看到一些水龙头在滴水,虽然每次都能及时关上,但总有看不到的时候,那不知道要浪费多少水资源啊!小明想,要不发动全班同学写一份倡议书吧。说做就做,没过几天,校园的橱窗里出现了一份倡议书。

 看一看

关于节约水资源的倡议

亲爱的老师和同学:

　　长期以来,人们认为水是"取之不尽,用之不竭"的,在日常生活中用水不知珍惜,身边存在着这样或那样浪费水资源的现象。节约用水,不仅仅是一句口号,应该从爱惜一点一滴做起。大而言之,为了保护及合理利用国家有限的水资源;小而言之,为了维护学校和我们的利益,为学校发展做贡献,我们2018级计算机班特向全体师生员工发出节约用水倡议:

1. 请控制水龙头开关大小并及时关水。
2. 请做到一水多用。
3. 见到有浪费水的现象,请及时制止。
4. 发现水龙头有滴水现象,请及时报修。
5. 宣传节约用水,做到身体力行,带动身边的老师、同学共同参与节约用水活动。

自来水不是"自来的",水资源也是有限的,我们必须科学合理地加以利用,节约用水,提高水的重复利用率。为此向大家倡议:请积极行动起来,从我做起,珍惜点滴,杜绝浪费。此外,也应该认识到:珍惜水资源,保护水环境从我做起,只有这样,我们的水环境才能得到彻底改善。

最后,我们发自内心地呼吁大家:珍惜资源,节约水资源,从现在开始!

2018级计算机班全体同学

2019年6月3日

学一学

[**基础知识**]

1. 概念

倡议书是由个人或团体发出提议,号召大家做某件有意义的事时使用的应用文体。倡议是发起、首先建议的意思,人们通过倡议书来发动广大群众、动员社会力量,同心同德,共同行动。倡议书可以在有关会议上宣读,可以张贴在醒目的地方,也可以登在报刊上。

2. 特点

(1) 群众性。倡议书不是对某个人、某一集体或某一单位而言的,它往往面向广大群众,或对一个部门的所有人发出,或对一个地区的所有人发出,甚至向全国发出。所以其对象广泛的群众性是倡议书的根本特征。

(2) 对象的不确定性。倡议书要求广大群众响应,然而其对象范围往往是不定的。即便在文中明确了自己的具体对象,但实际上有关人员可以表示响应,也可以不表示响应,而与此无关的别的群众团体却可以有所响应,因而倡议书本身不具有很强的约束力。

(3) 公开性。倡议书就是一种广而告之的书信。它就是要让广大的人民群众知道了解,从而激起更多的人响应,以期在最大的范围内引起共鸣。

[**写法指南**]

倡议书的基本格式与写法如下:

标题。在第一行的中间写上"倡议书",也可写明关于什么方面的倡议,如"关于保护珍稀动物的倡议"。

称呼。第二行顶格写称呼。倡议书的称呼就是号召参加所倡议之事的对象。

正文。这是倡议书的主体部分,写作时注意两点:

(1)倡议的原因、目的和意义要交代清楚。

(2)倡议的事项要具体明确、分条列出。

结语。正文后另起一段,概括地提出希望,要富有鼓动性和号召力。倡议书的结尾不必写祝颂语。署名和日期与一般书信相同。

倡议书是公开号召人们起来做某件有价值、有意义之事的文书。倡议者是带头发起者,也是积极参与者。因此,倡议者与倡议对象的关系是平等的,行文中不能出现命令式的语气。

测一测

下面这则倡议书存在哪些毛病?请加以修改。

植树护绿,共建和谐美丽校园
——致全院师生2019年植树节活动的倡议书

全院师生:

  大家好!

  3月12日是我国第41个植树节。拥有一座美丽的校园是我们共同的心愿,为了让我们能在一个风景如画的环境中愉快地工作、学习,能在一个健康绿色环境中幸福成长,我院团委、青年志愿者协会向全校师生发起如下倡议:

  积极倡导绿色文明,大力宣传植树护树的公益性、义务性和法定性,做一名倡导义务植树的"绿色传播者";

  积极响应学院植树活动,关心爱护绿色生命,自觉保护身边的一草一木,不践踏草坪、不攀摘树枝花朵,做一名爱绿、护绿的"绿色护卫者";

  人人行动起来,积极关心校园绿化美化建设,开展护树护草养花活动,通过"一元捐"的方式,用我们的"一元"把绿色植入校园的每一个角落,用我们的爱心美化整个校园。

  同学们,让我们迅速行动起来,积极投入到植树活动中去,争做绿色文明使者,争当环境保护天使,为建设和谐美丽的校园贡献一份力量。

  祝大家节日愉快!

共青团××××学院委员会
2019年3月10日

 **练一练**

××校××同学身患重病,现急需手术。第一次手术失败了,他家欠医院3万多元的医药费。现在必须进行第二次手术,又需医疗费8万元。他的父母绝望了,××同学也在绝望中挣扎……

请你以你所在班级的名义,写一份倡议书,发动全校师生,为挽救××同学的生命伸出友谊之手。

第十三节　感谢信

刚下课,小明就接到团委老师的电话,想来又有什么新任务了。进入办公室,小明看到里面坐着一位老大爷。"你好,你好。""小明,今天找你来,是考虑到广播站是一个弘扬正能量的平台,这位老大爷前不久得到了我们学校两位女生的帮助,特地到我们学校表达感谢之意,他特别想找到这两位女生当面感谢。"

"老师,那你是需要我帮助寻找这两位女生吗?""不光这一点,老大爷说他本想写一封感谢信的,但由于他识字不多,所以也拜托我们以他的名义写出来,再通过你们广播站宣读出来,让学校每一位学生都能学习两位女生这种助人为乐的精神。""老师、老大爷,你们放心,我一定用心写出这封感谢信,让广播的力量感染我校同学,现在您把事情的经过告诉我一下。"

看着大爷信任的眼神,小明心潮澎湃,他要赶紧回去研究这封感谢信到底怎么写,怎样才能写出90后学生的精神风貌,让更多的人不要再瞧不上90后,让更多的90后从中得到一些启迪。

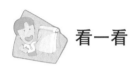 看一看

感 谢 信

尊敬的××高等职业技术学校领导：

  我是一位七十多岁的空巢老人，今天我怀着无比感激的心情写下这封感谢信，我要感谢贵校的两位女学生，至今我也不知道她们的姓名，只知道其中一位同学的手机号。

  事情是这样的，6月13日我在家中突感不适，就来到公交车站准备去中医院就医。上车后我非常难受，是贵校的两位女同学问清情况后一路帮助我，换乘的时候帮我找座位，一路安慰我，问我怎么样，能不能坚持，一直把我送到医院才离开。

  由于两位女同学的帮助，我才能及时赶到医院就医，现在恢复得很好。在此我要衷心感谢两位女同学，还有她们的父母，是他们培养了这样优秀的孩子。还要感谢贵校领导和老师，是你们培养出了这样具有助人为乐好品质的学生。

  再一次代表我全家衷心地感谢两位女同学，我也深为祖国有这样的好接班人感到骄傲。

  此致

敬礼！

一位七旬老人
2019年6月27日

 学一学

[基础知识]

1. 概念

  感谢信是向帮助、关心和支持过自己的集体(党政机关、企事业单位、社会团体等)或个人表示感谢的专用书信，有感谢和表扬双重意思。写感谢信既要表达出真切的谢意，又要起到表扬先进、弘扬正气的作用。它广泛应用于个人与个人之间、个人与组织之间、组织与组织之间，用以向给予自己帮助、关心和支持的对方表示感谢。

2. 主要特点

（1）感谢对象要确指。感谢信都有确切的感谢对象，以便让大家都清楚是在感谢谁。

（2）表述事实要具体。感谢别人要有具体的事由，否则就会显得抽象空洞。

（3）感情色彩要鲜明。感动和致谢的色彩强烈鲜明，言语间充满感激之情。

3. 感谢信的种类

（1）按感谢对象的特点来分

① 写给集体的感谢信。这类感谢信，一般是个人处于困境时，得到了集体的帮助，并在集体的关心和支持下，自己最终克服了困难，渡过了难关，摆脱了困境，所以要用感谢信的方式表达自己的感激之情。

② 写给个人的感谢信。这类感谢信，可以是个人，可以是单位，也可以是集体，为了感谢某个人曾经给予的帮助或照顾而写的。

（2）按感谢信的存在形式来分

① 公开张贴的感谢信。这种感谢信包括可在报社登报、电台广播或电视台播报的感谢信，是一种可以公开张贴的感谢信。

② 寄给单位、集体或个人的感谢信。这种感谢信直接寄给单位、集体或个人。

[写法指南]

1. 感谢信的结构

感谢信通常由标题、称呼、正文、结语和落款五部分构成。

（1）标题

感谢信标题的写法有这样几种形式："感谢信"——单独由文种名称组成；"致×××的感谢信"——由感谢对象和文种名称共同组成；"××街道致××剧院的感谢信"——由感谢双方和文种名称组成。

（2）称呼

开头顶格写被感谢的机关、单位、团体或个人的名称或姓名，并在个人姓名后面附上"同志"等称呼，然后再加上冒号。

（3）正文

感谢信的正文从称呼下面一行空两格开始写，要求写上感谢的内容和感谢的心情。应分段写出以下几个方面：

① 感谢的事由：概括叙述感谢的理由，表达谢意。

② 对方的事迹：具体叙述对方的先进事迹，叙述时务必交待清楚人物、事件、时间、地点、原因和结果，尤其重点叙述关键时刻对方给予的关心和支持。

③ 揭示意义：在叙述事实的基础上指出对方的支持和帮助对整个事情成功的重要性以及体现出的可贵精神。同时表示向对方学习的态度和决心。

（4）结语

感谢信收束时要写上表示敬意的话、感谢的话，如"此致敬礼""致以最诚挚的敬礼"等。

（5）落款

感谢信的落款署上写信的单位名称或个人姓名，并且署上成文日期。前者在上，后者在下。

2. 写作感谢信的注意事项

（1）内容要真实，评誉要恰当

感谢信的内容必须真实，确有其事，不可夸大溢美。感谢信以感谢为主，兼有表扬，所以表达谢意时要真诚，说到做到。评誉对方时要恰当，不能过于拔高，以免给人一种失真的印象。

（2）用语要适度，叙事要精练

感谢信的内容以主要事迹为主，详略得当，篇幅不能太长，所谓话不在多，点到为止。感谢信的用语要求是精练、简洁，遣词造句要把握好一个度，不可过分雕饰，否则会给人一种不真实、虚伪的感觉。

测一测

1. 请找出下面这封感谢信的错误之处。

感 谢 信

××公交公司：

3月3日下午，我公司经理李××乘坐贵公司××路公交车时，不慎将皮包丢失。内有人民币××余元、有效证件若干、支票及各种票据若干张。在我们焦急万分之时，贵公司司机×××先生主动将捡到的皮包送至我公司，使我公司避免了一次重大损失。为此，我们再三表示感谢并拿出1万元作为酬谢，×××先生却说："这是我应当做的"，表示不能接受。在此特致函贵公司，深表谢意。

××××公司
2019年5月6日

找错：

① _____

② _____

③ _____

④ _____

2. 下面这封感谢信有好几处错误，请指出并改正。

感 谢 信

珠江剧团负责同志：

为帮助我校举办艺术节排练节目，你们及时给我们派来了高明、李菲两位老师，协助我们编排歌舞、演唱。他们工作认真，耐心指导，亲自示范。在二位老师的帮助下，经过

全校广大师生的努力,大家的水平得到了很大提高,排练出了很多精彩的节目,使我校艺术节获得了很大成功。

现在两位老师回去了,谨代表贵校全体师生向二位老师及你们表示衷心感谢,并希望今后继续得到你们的大力支持。

此致
敬礼!

新华二中校长室(公章)
2019 年 11 月 22 日

找错:
① _____
② _____
③ _____

练一练

1. 在教师节来临之际,请以校学生会的名义,给全校教师写一封感谢信。
2. 假设你在 2019 年省计算机比赛中取得了一等奖的好成绩,家长非常感谢学校,让你代笔写一封感谢信。

第十四节 总 结

美好的时光总是过得那么快,小明在站长这个岗位上不知不觉干了一年了。小明的广播站办得有声有色,播送与时俱进的校园新闻,协助学校社团的各项活动,每天给同学们带来新鲜的"生活"给养,小明很爱他的这个岗位,虽然舞台不大,但是充分发挥了自己的才干。

每年都要写年终总结!

每天提早起床半小时的准备,减少了和小伙伴们打球的时间,甚至很多次假期仍在学校排节目,但小明觉得很值得。"你后悔时间花在与你专业无关的工作上吗?儿子,何必这么拼?咱不要太累着啊!"妈妈心疼地劝着儿子。"妈,你就放心吧,我现在学到的这一切对我的将来也是受益匪浅的,我喜欢这个工作,只是,再过半年,到实习期我就要离开它了。"

想到这些,小明心里有点不舍,他决定无论还会干多久,都要充分发挥出自己的这份热情。同时,自己也该好好总结总结,以便在以后的日子里让广播站继续为同学们提供丰富的精神食粮。

 看一看

"校园之声"广播站年度总结

日落月升,转瞬之间"校园之声"广播站又走过了一个春秋。在校领导、团委及有关老师的关怀和指导下,在广播站全体同学的共同努力下,广播站的工作有了一定程度的进步。校广播站承担着全校的广播宣传任务,在引导校园舆论、反映学生的精神面貌、活跃和促进校园文化生活、促进校园精神文明建设方面发挥着重要作用。"绚丽色彩,缤纷校园"是我们的播音员在开场语中经常说的一句话。我们的成员用他们的热情和实际行动证明了他们对校园广播事业有高度的责任感和事业心。在这里,通讯社成员们相互督促,相互学习,广播站真正成为进步发展、健康成长、施展才华的平台。针对这一年的工作,我将做以下几方面的工作总结:

一、校广播站工作人员的选拔和培养

广播站实行校团委领导下的站长负责制,广播站主要负责日常播音及重大活动的主持工作,稿件的搜集及编辑,播音设备的使用、调制等工作。

每一个崭新的学年,广播站最先开始的就是招新工作,广播站于今年九月中旬全面招新。我们采取报名制在全校学生中公开招新,再对报名的人员进行面试筛选。并且对于应聘播音员的同学,我们会在面试通过之后让他们试音,以试音结果决定他们的去留。对于最后确定下来的播音员,我们采取了"一帮一"的工作方式。经过几周的培训后,新播音员方能走上自己的工作岗位。通讯社调音部也采取了类似的方式选拔新部员。

二、广播站日常工作

广播站负责每天的播音工作,我们的节目定位于校园文化建设,学生素质教育,弘扬校园精神,丰富学生生活。为满足广大师生的收听喜好,丰富同学们的课余生活,广播站推出了互动点歌台、校园导读板块。除了例行的播音工作外,我们还负责及时传达学校的有关文件和精神。

在各项大型活动、比赛中,都有我们广播站派出的同学。本着为学校主持工作增添新鲜血液的同时也锻炼新站员的目的,我们不断派出新站员担当活动的节目主持人。例如校运动会的解说员,演讲比赛、职业生涯规划比赛的参赛选手,新生军训联欢晚会的主持人,都出自我们的广播站。

为了使广播站的成员得到全面的锻炼,我们还积极鼓励播音员参加学校以及院里举办的各类活动。这些活动对各站员综合素质的提高也有很大的帮助。

广播站和其他部门合作愉快,学校有什么重大事件,校团委、学生会下达了什么通知,学校要举办什么盛大活动,我们都第一时间利用广播通知大家,起到了很好的宣传作用。

三、规章纪律

广播是一个定时定点的工作,容不得半点马虎,且对于播音、仪器操作等都有明确、严格的规定。广播站不欢迎没有纪律意识的人,一个人如果不能严格要求自己,又怎么能把工作做好。

为了提高广播的质量,使它真正能为丰富学生的文化生活、促进学生的全面发展服务,我们也会对广播站工作人员作调整。辞退一些懒散、没有责任心、力不胜任的学生,表彰有能力、有潜力的人员,不断提高工作人员的素质和积极性。

四、后期工作思路

通过这一年的工作,我们确确实实发现了我们广播站工作中的一些问题,同时也认真想出了一些解决办法。

第一,健全补充站内制度,规范考核奖惩制度。制作每星期的考核表,落实替班、请假等制度。请假者必须提前向所属部长请假,不准代为请假。连续三次无请假不到者视为自动退站。

第二,广播站硬件建设方面,尽量争取更新设备。广播站现有的设备过于陈旧,经常会影响到播音的正常进行。为了改善校园广播的传播效果,使其更好地为校内师生员工提供信息服务,我们向学校申请,更新和完善广播站设备。同时我们也认识到,设备的更新不会一下子就完成,必须要一个过程,但是我们一定会努力,尽量完善设备。

第三,栏目方面,要有预见性和新颖性。提前制作重大节日榜,提醒编辑提早编写相关稿件,在重大节日及活动期间,要紧而不乱地做好宣传工作。时常征求同学们的意见,及时改进陈旧没新意的栏目,多做同学们感兴趣的栏目。

虽然还存在一些不足,但眺望过去走过的路,广播站全体成员有信心克服一切困难。为了将广播站的精神发扬光大,为了将广播站建设得更有个性,为了让所有同学更爱听我们的广播,我们需要大家的意见和建议,需要大家的鼓励与批评。相信在大家的共同努力下,我们广播站定会越办越好,成为××职业技术学校必不可少的一道精神佳肴!

小明

2019年7月1日

学一学

[基础知识]

1. 概念

总结就是把某个时期内的工作、学习或某个活动开展的情况进行分析研究,从中归纳出经验或教训,以便更好地指导今后的实践的一种事务文书。

2. 特点

(1) 回顾性。总结是对已经过去的一个时期的工作、学习或活动开展情况进行回顾的应用文书。它肯定成绩,将成功的经验加以提炼,归纳出带有普遍性的规律;对不足之处进行理性的分析,以便今后吸取教训,采取新的措施加以改进。

(2) 客观性。写总结应该坚持实事求是的原则,对取得的成绩、成功的经验不夸大其词,人为拔高;对存在的问题不隐瞒或轻描淡写地一笔带过。只有客观真实地进行总结,才能达到总结的真正目的,发挥出总结应有的作用。

(3) 指导性。作为一种回顾、思考的手段,总结是对以往实践工作的一种理性认识,回顾过去是为了展望未来,使今后的实践工作开展得更好。因此,总结的目的就在于总结和推广经验,发现和避免错误,从而指导将来的工作。

(4) 平实性。总结以概括性叙述为主要表达方式,并辅之以适当议论。它不必把事情的经过写得完整而详细,更不必进行细节描写,只要用平实的语言去概述"做了哪些""做得怎样"就可以了。它也不必为了雄辩而引经据典、反复论证,而只是靠实实在在的事例和数据统计去证明观点。它不需要华丽的辞藻,要求语言平实、准确。

(5) 自身性。总结回顾的都是本人或本单位的实践活动,一般采用第一人称写作。

3. 种类

总结的种类很多,按内容分,可以分为工作总结、生产总结、学习总结、活动总结、会议总结等;按性质分,可以分为综合性总结和专题性总结;按范围分,可以分为全国性总结、地区性总结、单位(部门)总结、个人总结等;按时间分,可以分为月度总结、季度总结、年度总结、阶段性总结、跨年度总结等。

总结的种类虽然有上述分法,但事实上,一篇总结往往同时反映性质、内容、范围、时间等几个方面的内容,如《××大学2018—2019学年第二学期学生管理工作总结》。

[写法指南]

总结一般由标题、正文、落款三部分组成。

1. 标题

总结的标题大致有以下三种:

(1) 公文式标题。一般由单位名称、适用时间、内容和文种名称组成,如《××市教育局2018年工作总结》;也可省略单位名称,如《2018年上半年销售工作总结》;有的甚至省略单位名称和适用时间,直接写成《工作总结》或《学习总结》等。

(2)文章式标题。以概括总结核心内容为标题,标题中不出现文种名称"总结"的字样,如《科技立场,人才兴业》《推动人才交流,培植人才资源》。

(3)双标题。这类总结的标题同时适用公文式标题和文章式标题。如《加强医风教育,树立医德风尚——××市某医院2018年精神文明建设工作总结》,又如《做好审计调查为宏观决策服务——××市审计局2018年工作总结》。

2. 正文

一般包括前言、主体、结尾三个方面。

前言部分简明扼要地概述某个阶段的工作或任务的基本情况,交代背景,点明主旨,为主体部分内容的具体展开作好铺垫。

主体部分主要写成绩和经验、问题和教训。这部分内容较多,又需要对事实进行理论上的分析归纳,所以应根据实际内容和表达的需要采用相应的结构形式。常见的结构形式主要有以下几种:

(1)两部式。第一部分写做了哪些工作、取得了什么成绩,并归纳出主要经验;第二部分写存在的问题和今后应采取的措施。各层可按内容分为若干个问题,加序号或小标题分条表述。

(2)三段式。第一段写工作的基本情况和取得的成绩,第二段写经验和体会,第三段写存在的问题和今后的打算。各段也可以采用条款式结构,用小标题分别揭示各项内容的主旨。

(3)阶段式。按时间顺序安排结构,把工作的过程分为几个阶段,再分别对每个阶段的情况进行分析总结。其优点是全文脉络清晰,便于看出工作的进展和每个阶段的特点。

结尾部分通常写今后努力的方向或打算。如果这些内容已在主体中写过,则不用再另写结尾。

3. 落款

落款即撰写总结的单位名称和日期。在正文下面的右下方分两行写,第一行写单位名称或个人姓名,第二行写日期。有的总结将单位名称或个人姓名写在标题中或标题的下一行,落款时则不需再写。

测一测

1. 请从下面这篇总结中找出几处错误。

××镇上半年工作总结

半年来本镇在精神文明和物质文明方面做了许多工作,取得了很大成绩。半年来,主要做了以下工作:动员组织镇、村干部和广大群众学习中央一号文件;安排、落实全年生产计划;推行、落实承包责任制;帮助专业户发展;修建镇小学校舍;建镇食品厂方便面生产车间厂房;推销镇果脯厂、食品厂、编织厂的产品;为镇机械厂解决原材料不足问题;美化环境,街道两旁栽花种草;封山植树;办了一期果树栽培技术培训班;健全了镇政府机关,调整了工作人员,开始试行镇干部招聘制。

半年来,在工作繁杂,头绪多而干部少的情况下,能做这么多工作,主要是:

一、上下团结。镇领导和一般干部都能同甘共苦,劲往一处使。工作中有不同看法,当面讲、共同协商。互相间有意见能开展批评与自我批评,不犯自由主义。例如,经营科同志对镇长不同他们商议,擅自更改果脯厂的奖励办法,影响产量一事有意见,经当面说出,镇长接受,做了自我批评,并共同研究了新的奖励办法,使产量又增加了。

二、不怕困难。本镇企业刚刚起步,困难很多,技术力量薄弱,原材料不足;产品销路没有打开等。为此,经管科的同志和全镇干部共同想办法,他们不怕跑路,放弃自己的休息时间,忍饥挨饿受冻,四处联系,终于解决了今年所需要的原料,推销了一些产品。

三、领导带头。镇的几位主要领导带头苦干,实干。他们白天到下边去调查了解情况、解决问题,晚上才开会研究问题,寻找解决的办法。领导干部夜以继日地工作,带动了全镇工作。

××镇人民政府(印章)
××年×月×日

找错:

① _____

② _____

2. 找出下面这份教学总结的问题,并提出修改意见。

教 学 总 结

语文教学的关键是让学生掌握听说读写的能力。语文在日常生活中非常重要,一个人语文能力的高低,直接影响着他的工作和生活。尤其在这个飞速发展的信息社会,要想成为一个对社会有用的人,具备听说读写能力尤为关键,学生只有掌握了这两种能力,才能够走向社会,与别人沟通,传递信息。

我在教学中是这样做的:

1. 每天让学生进行朗读训练。
2. 每月举行一次辩论会或演讲比赛。
3. 上课时尽量让学生开口,锻炼他们的口头表达能力。

经过一个学期的努力,学生们反映在听说能力上有了很大的提高。

×××
2019 年 1 月 10 日

找错:
① _____
② _____

练一练

1. 假设本学期已经结束,请为本学期写一份学习总结。

(要求:严格按照总结的写作方法写作。主要包括以下几方面的内容:基本情况的介绍,成绩和经验,问题和教训。)

2. 假设你是班级的班长,一学期过去了,请你写一份个人工作总结,以便日后更好地做好工作。

职场篇

第十五节 简 历

岁月如梭,一晃,三年的职校生活接近尾声了。一天,班主任跟大家说:"最近有几家公司到我们学校来招聘,请大家先了解这些公司,然后写一份简历给我,我帮你们修改后投递给这些招聘的单位。"小明为了争取到这次就业机会,想方设法通过书本的学习、网络的查找,学习着做简历,一遍又一遍,不放过任何细节。做好以后,小明拿给了班主任,请班主任帮忙修改,最终一份完美的求职简历出现在招聘单位的办公桌上。

 看一看

个 人 简 历

个人概况

姓名:李小明

性别:男

民族:汉

出生年月:2000.11

政治面貌:团员

籍贯:江苏××

毕业院校:××学校

专业:计算机应用技术

学历:中专

毕业时间:20××.07

爱好:看书、计算机、体育

学习情况

英语水平:国家二级,能够熟练地进行英语读写和一般翻译。

计算机水平:国家计算机一级,通晓办公自动化,能独立完成日常办公文档的编辑工作。

主修课程:JAVA语言、C语言程序设计、VB程序设计、ASP.NET、算法设计、WEB测试、网络规划与设计、计算机网络、操作系统、网页制作、计算机制图AUTOCAD、多媒体技术、Internet技术、微机组装与维护等。

所获奖励

20××年11月获"新生杯"篮球赛冠军;

20××年1月获"20××年元旦晚会"最佳组织奖;

20××年7月获"三创优秀学生"称号;

20××年12月获文明风采大赛全国三等奖;

20××年1月获一等奖学金;

20××年9月获"暑期社会实践先进个人"称号;

20××年1月获"优秀学生干部"称号;

20××年10月获二等奖学金;

20××年7月获"优秀毕业生"称号。

实践经历

20××年—20××年担任学生会主席一职;

20××年暑假在××网络有限公司工作,并获得"暑期社会实践先进个人"称号;

求职意向

公司网管,网络工程师,应用程序开发。

自我评价

本人做事情谨慎细心,具有高度的责任感,善于处理人际关系,与人和睦相处,专业知识扎实,有较强的分析问题和解决问题的能力,能顾全大局,具备团队合作精神。

联系方式

手机:138××××××××

E-mail:×××@126.com

邮寄地址：××省××学校×号信箱
邮编：××××××

 学一学

[基础知识]

1. 概念

简历即个人履历,即求职者针对自己想要谋求的工作机会,将个人学历、经历、特长、爱好及其他有关情况经过分析整理,作简明扼要的书面介绍。

2. 特点

简历具有以下几个特点：

针对性：用人单位想知道你可以为他们做什么,所以要有针对性地写简历,必须避免简历的千篇一律。应针对不同的招聘单位的特点和要求,写多份不同的简历,突出相应的重点。

精确性：阐述工作经验、业绩、学历、能力等要尽可能准确,不夸大也不误导,确保你所写的与你的实际能力及工作水平相同。

具体性：简历内容比求职信具体,比如求职信可以说"曾多次参加社会实践活动",在简历中则要具体说明每一次参加社会实践活动的时间、地点等。

策略性：好的简历不应当只是自己以往工作经验的简略列举,而应当让用人单位看到求职者的潜力,甚至想象求职者正在他们单位工作的情况。

3. 种类

简历一般分为时间型简历、功能型简历、专业型简历、业绩型简历、创意性简历。

时间型简历：它强调的是求职者的工作经历,大多数应届毕业生都没有参加过工作,更谈不上工作经历了,所以,这种类型的简历不适合毕业生使用。

功能型简历：它强调的是求职者的能力和特长,不注重工作经历,因此对毕业生来说是比较理想的简历类型。

专业型简历：它强调的是求职者的专业、技术技能,也比较适用于毕业生,尤其是申请那些对技术水平和专业能力要求比较高的职位,这种简历最为合适。

业绩型简历：它强调的是求职者在以前的工作中取得过什么成就、业绩,对于没有工作经历的应届毕业生来说,这种类型不适合。

创意型简历：这种类型的简历强调的是与众不同的个性和标新立异,目的是表现求职者的创造力和想象力。这种类型的简历不是每个人都适用,它适合于广告策划、文案、美术设计、从事方向性研究的研发人员等职位。

[写法指南]

个人简历一般应包括以下几个方面的内容：

（1）个人资料：姓名、性别、出生年月、家庭地址、政治面貌、身体状况、兴趣、爱好、性格等；

（2）与学业有关内容：就读学校、所学专业、学位、外语及计算机掌握程度等；

（3）本人经历：入学以来的简单经历，主要是担任社会工作或加入党团等方面的情况；

（4）所获荣誉：三好学生、优秀团员、优秀学生干部、专项奖学金等；

（5）本人特长：如计算机、外语、驾驶、文艺体育等。

（6）求职意向：这是比较关键的一个板块，主要介绍你未来职业的目标定位，应聘单位会通过你的职业定位明确你的发展方向是否与公司招聘职位吻合。

（7）自我介绍：主要是通过一些简明扼要的概述，向招聘负责人展现自己的综合素质和特点，包括技能专长总结、兴趣爱好描述、沟通协调能力总结等，要用简练的语言说明你对于所应聘职位最大的优势是什么。像"性格开朗、工作认真负责、具有团队精神"等千篇一律、没有针对性的词汇最好不要用。个人评价最忌空洞，最好能结合职位要求及自己专业特点进行阐述。

（8）教育背景：因求职者的目标职业与教育背景相关，招聘人员会参考其受教育的情况，因此，求职者要填写自己在校期间所学的重要课程、所获奖项等方面的信息，可多强调与自己目前的期望职业相关的信息，以突出自己的专业技能和特殊优势。

一般来说，中文简历没有固定的格式，内容大致分为以上几个部分，但在求职过程中，要针对不同公司、不同职位适当地调整简历内容，有的放矢地介绍个人的职业技能和沟通技巧，这样才能成为众多简历中的亮点。

测一测

指出下面这份个人简历中的不当之处。

个 人 简 历

个人概况

姓名：朱××

性别：女

民族：汉

出生年月：1997.11

政治面貌：共青团员

籍贯：江苏××

毕业院校：××学院

专业：会计

学历：大专

毕业时间:20××.07

学习情况

英语水平:国家二级。

计算机水平:国家计算机一级。

所获奖励

20××年5月获院"20××年新年晚会"最佳组织奖；

20××年1月获二等奖学金；

20××年3月获院"优秀团干"称号；

20××年10月获二等奖学金。

实践经历

20××—20××加入院组织部、系学生会组织部,以一种积极乐观向上的工作态度,认真做好本职工作,并配合和协调其他部门的工作。

合理利用周末及假期时间做兼职,增加社会实践阅历,增强自身各方面能力。

自我评价

一直以古人的名言"天行健,君子以自强不息;地势坤,君子以厚德载物"来激励自己,要求自己不断前进和发展。

 练一练

假如你是一名应届毕业生,想申请一个外企办公室文员的岗位,请就此写一份简历。

第十六节　求职信

值得留恋的学习生涯就这样一点一点流逝了,小明逐渐卸下了广播站站长的职务,他觉得自己的生活一下子单调起来,也许不断有挑战的生活才够精彩。

小明想自己应该出去闯闯,简历也准备好了,接下来就应该找工作单位了,可是该怎么找呢?

"你要先找到你心仪的单位,比如通过网上、报纸上那些招聘信息找,然后对照它们的要求,一一甄选,最后找出几家符合要求的单位。"班主任耐心地讲给小明听。"如果我心仪某家单位了,我怎么来让对方知道呢?""用你的诚意来打动对方,让对方选你进入他们公司。""诚意?""用你最擅长的写

作本领,写出一份带有你诚意的求职信,下面就看你的了。"

恍然大悟的小明迅速打开求职网站,按照班主任教的步骤,用自己的诚意写出了自己满意的第一份求职信,通过邮箱寄出,憧憬着自己即将迈入的新领域。

 看一看

求 职 信

尊敬的贵公司领导:

您好!

非常感谢您在百忙之中抽空审阅我的求职信。我是一名即将走上社会的计算机专业的职校学生。借此择业之际,我怀着一颗赤诚的心和对事业的执着追求,真诚地推荐自己。

在学校我始终积极向上、奋发进取,在各方面都取得长足的进步,全面提高了自己的综合素质。通过努力,我获得了计算机一级证书,掌握了基本的计算机运用,包括Windows、Office等常用软件。就个人来讲,我每年都获得"三好学生"的荣誉称号。我一直担任寝室室长,所在寝室每年都被评为标兵宿舍和文明寝室,并且多次获得团体奖项。同时,我利用课余时间广泛地阅读了大量书籍,不但充实了自己,也培养了自己多方面的技能。更重要的是,严谨的学风和端正的学习态度塑造了我朴实、稳重、创新的性格特点。

在学校里,我还担任了学生会广播站站长一职,我擅长组织各种各样的活动,学到了很多为人处世的方法,我体会到团队合作的力量,也学会了与别人合作。同时,广播站锻炼了我自主学习的能力,我敢于钻研,乐于接受各种新任务,经常会有自己的创新主张。繁忙的学生会生活也锻炼了我的吃苦耐劳精神。

过去并不代表未来,勤奋才是真实的内涵,我相信我能够很快适应工作环境,熟悉业务,并且在实际工作中不断学习,不断完善自己,做好本职工作。因为年轻,我自信,自信我可以为公司的发展增添光彩;也因为年轻,我需要机会,需要机会将我的所学奉献于社会。

希望领导相信我的真诚与能力,我将会好好把握这次利于我本人发挥和发展的机会。我真诚地期盼您的佳音!祝贵公司事业蒸蒸日上!

此致

敬礼!

求职人:小明
2021年6月26日

学一学

[基础知识]

1. 概念

求职信即自荐信,指求职者向自己欲谋求职业的用人单位介绍自己的基本情况,请求对方予以任用的书信体文书。

2. 特点

求职信具有针对性、自荐性的特点。

针对性:求职信是针对具体用人单位的具体职位的需求而发的,具有强烈的针对性。为了达到求职的目的,求职者应从读信人的心理入手,客观地讲述自身的优势。好的求职信应主次分明,重点突出,简明扼要。

自荐性:求职信是毛遂自荐的一种方法,求职者要恰当地把自己介绍给用人单位,既要展示自己的优势,又要投其所好,以期获得面试的机会。

3. 种类

求职信按求职者的身份划分,可以分为毕业生求职信、从业者求职信和无业者求职信。按用人单位划分,可分为应聘式求职信和非应聘式求职信。

[写法指南]

求职信的格式与一般书信相似,包括标题、称谓、正文、落款四部分。

1. 标题

在第一行居中写上文种"求职信"或"自荐信",也可以不写标题。

2. 称谓

在标题下一行,顶格写收信者的姓名、职务或单位名称,后面加冒号。求职信的称谓要恰当、郑重其事。

3. 正文

主要包括导言、内容、结尾三个部分。导言主要用来说明求职的原因和意向,也有的求职信不写导言。内容主要包括:自己的基本情况(如学历、身份、年龄、专业、能力、业绩等);个人的志向、兴趣、特长等;求职意向;待遇要求(也可以不写);适当地表达自己受聘后的工作设想等。要写清自己的通信地址、邮政编码、电话号码、电子邮箱等联系方式。结尾诚恳表达希望被录用的愿望,如"希望领导给我一次面试的机会""盼望答复""静候佳音"等。结尾可与主体衔接在一起写,也可另起一段。写上附件名称。附件一般是简历、各类证书以及有关材料的复印件等。

4. 落款

在正文右下方署求职者的姓名,署名下面一行写日期。

测一测

1. 下面是一封求职信的主要内容,画线的句子有用词不当之处,请找出来并加以修改。

①非常感谢您抽出宝贵时间拜读我的申请。作为一名成功的现代企业管理者,能挑选一名精干得力的助手,②一定是您很早以来的夙愿。③我已顺利地通过了中央财经大学的学业,具有扎实的专业知识和较强的实践能力。如果我能有幸成为贵公司的一员,我一定会努力工作,为公司创造更多的财富!④真诚地希望您为我的谋职就业尽一份绵薄之力,我会用实际行动来证明自己的。

改错:

① _____
② _____
③ _____
④ _____

2. 下面是一封求职信的主要内容,其中有五处不妥,请找出来并加以修改。

求 职 信

尊敬的××领导:

您好!

首先,真诚地感谢您从百忙之中抽出时间来看我的自荐材料。是贵公司的某某总经理要我直接写信给你。

我叫×××,今年22岁,现就读于××职业技术学校应用电子技术专业。十几年的寒窗苦读,铸就了我的学识与自信。大专阶段的学习与成长更加磨炼了我的意志,提高了我的修养。

作为新世纪的大专生,我有着一种敢于自荐、敢于探索、善于创新的精神。诚实正直的品格使我懂得了如何用真心与付出去获取别人的回报,我会用努力与智慧去争取我的空间,让社会来容纳我。

在知识经济爆炸的时代里,不仅需要知识,更需要能力——接受新事物和适应新环境的能力。每一次的社会实践,我都认真对待,都尽最大努力去对待它,这让我养成了吃苦耐劳、坚定自信、乐于助人的精神!经过四年专业课程的学习和今年的社会实践,我具备了较为扎实的专业基础知识和实践经验,整体素质有了较大的提高,培养了敏锐的观察力,正确的判断力,独立完成工作的能力,严谨、踏实的工作态度,并以细心、爱心、耐心、责任心对待工作,适应电子行业的发展需要。因此,我对自己的未来充满信心。我相信自己,更相信您!

给我一个机会,蓄势而后发的我会还你们一个惊喜!我会尽自己最大的努力,辛勤劳作,实现自己的人生价值。

不管贵单位是否同意录用我,请于6月5日前给我回信。

此致

敬礼!

自荐人:×××

改错:

① _____

② _____

③ _____

④ _____

⑤ _____

 练一练

1. 假设你是一位计算机专业的毕业生,请你写一封求职信。
2. 假设你是一位会计专业的毕业生,请你写一封求职信。

第十七节　劳动合同

这天,小明收到了一则好消息,××有限公司收到小明的求职信后,觉得小明很优秀、很能干,决定录取小明。双方签订劳动合同后,小明正式成为该公司的员工。小明拿着这份劳动合同,兴奋得拿起电话,给爸妈报喜。

 看一看

××公司合同

甲方(用人单位):××有限公司

住所:××省××市××路××号

法定代表人(或负责人):张××

乙方(劳动者):小明
住址:××省××市××路××小区××幢534室
身份证号码:32××××××××××××

甲乙双方在平等自愿的基础上,按照《中华人民共和国劳动合同法》等法律规定,就甲方招用乙方一事,经协商一致达成本合同,供双方遵照执行。

第一条 劳动合同期限:
1. 本劳动合同为(选择其中一项并填写完整):
A. 有固定期限劳动合同:20××年9月1日至20××年12月30日;
B. 无固定期限劳动合同,自__年__月__日起。
C. 以完成工作为期限。
2. 本合同包含1个月的试用期(自20××年9月1日至20××年10月1日)。

第二条 工作地点:××省(自治区、直辖市)××市(县)××路××号。

第三条 工作内容:
1. 乙方同意在甲方_____部门(或岗位)担任职务,乙方具体工作内容按照甲方的岗位职责要求执行。
2. 若因乙方不胜任该工作,甲方可调整乙方的岗位并按调整后的岗位确定一方的薪资待遇;如乙方不同意调整,甲方可以提前30日通知乙方解除劳动合同,经济补偿金按照国家规定发放。
3. 在工作过程中,因乙方存在严重过失或者故意造成甲方损失的,甲方有权向乙方追偿。

第四条 工作时间和休息休假:
1. 工作时间:标准工时制,甲方保证乙方每天工作不超过8小时,每周工作不超过40小时。具体工作时间由甲方根据生产经营需要安排,乙方应当服从。
2. 休息休假:甲方按照国家的规定安排乙方休息休假。

第五条 劳动报酬:
1. 乙方月工资标准为人民币4000元,其中试用期内工资为人民币3000元;
(若实行计件工资的按照以下标准计发工资:_____)。
2. 因生产经营需要,甲方安排乙方延长工作时间或者在休息日或者在法定休假日工作的,甲方按国家规定的标准发放加班费。
3. 甲方保证按月发放工资,具体发放日期为每月5日。

第六条 社会保险:
1. 甲方按照国家的规定为乙方办理各项社会保险,缴纳社会保险费;

2. 依法应由乙方个人负担的社会保险费，甲方从乙方应得工资中扣缴，乙方不得有异议。

第七条　劳动保护、劳动条件和职业危害防护：

甲方为乙方提供劳动所必需的工具和场所，以及其他劳动条件；保证工作场所的符合国家规定的安全生产条件，并依法采取安全防范措施，预防职业病。

第八条　甲方依法制定和完善各项规章制度，乙方应当严格遵守。

第九条　乙方应当保守工作期间知悉的甲方的各种商业秘密、知识产权、公司机密等任何不宜对外公开的事项，否则造成甲方损失的，应当承担赔偿责任。

第十条　乙方承诺在签订本协议时，未与其他任何单位保持劳动关系或者签订竞业限制协议。否则，给其他单位造成损失的，由乙方单独承担责任，与甲方无关。

第十一条　劳动合同解除或终止：

1. 若乙方需解除劳动合同书，应当提前30日以书面的形式通知甲方，书面通知以送达甲方(具体部门、职务)为准；

2. 有关解除或终止劳动合同的事项，按照《劳动合同法》等法律、法规有关规定执行。

3. 在解除或者终止劳动合同时，乙方应当将正在负责的工作事项以及甲方交付乙方使用的财物与甲方指定的工作人员进行交接。因乙方原因未办理交接造成甲方损失的，由乙方赔偿。

4. 因解除或者终止劳动合同，乙方依法应获得经济补偿金，但乙方未与甲方办理工作交接前，甲方暂不支付经济补偿金。

第十二条　因履行本合同发生的争议，双方本着合理合法、互谅互让的原则协商处理；协商不成的，任何一方可依法向劳动争议仲裁委员会申请仲裁。

第十三条　本合同未约定的事项，按照法律、法规、行政规章以及地方性法规等规定执行。

第十四条　本合同自双方签字或盖章后生效，一式二份，双方各执一份，本合同的任何条款的变更，应当以书面形式经双方签字或者盖章确认。

甲方(盖章)：　　　　　　　　　　　　　　　乙方(签字)：小明

签约代表(签字)：周××

日期：20××年8月25日　　　　　　　　　　日期：20××年8月25日

学一学

[基础知识]

1. 概念

劳动合同是劳动者与用工单位之间确立劳动关系,为明确双方权利和义务而签订的协议。

《劳动合同法实施条例》第二章第六条规定:用人单位自用工之日起超过一个月不满一年未与劳动者订立书面劳动合同的,应当依照劳动合同法第八十二条的规定向劳动者每月支付两倍的工资,并与劳动者补订书面劳动合同;劳动者不与用人单位订立书面劳动合同的,用人单位应当书面通知劳动者终止劳动关系,并依照劳动合同法第四十七条的规定支付经济补偿。

2. 特点

劳动合同具有以下特点:

(1) 劳动合同主体具有特定性。

(2) 劳动合同内容具有劳动权利和义务的统一性和对应性。

(3) 劳动客体具有单一性,即劳动行为。

(4) 劳动合同具有诺成、有偿、双务合同的特性。

(5) 劳动合同往往涉及第三人的物质利益关系。

3. 分类

劳动合同按照不同的标准可以有不同的分类。

(1) 按照劳动合同期限的长短,劳动合同可分为三种:有固定期限的劳动合同、无固定期限的劳动合同、以完成一定工作为期限的劳动合同。我国劳动法为了充分保护劳动者的合法权益,特别规定"劳动者在同一用人单位连续工作满十年以上,当事人双方同意续延劳动合同的,如果劳动者提出订立无固定期限的劳动合同,应当订立无固定期限的劳动合同",避免用人单位只使用劳动者的"黄金年龄"。

(2) 按照劳动合同产生的方式来划分,劳动合同可分为三种:录用合同、聘用合同(聘任合同)、借调合同(借用合同)。

(3) 按照劳动者一方人数的不同来划分,劳动合同可分为两种:一种是个人劳动合同,一般由劳动者个人同用人单位签订;另一种是集体合同,一般是指在中外合资企业中,由工会代表劳动者集体同企业签订的合同。

(4) 按照生产资料所有制性质的不同,劳动合同可划分为全民所有制单位劳动合同、集体所有制单位劳动合同、个体单位劳动合同、私营企业劳动合同和外商投资企业劳动合同等。

（5）按照用工制度种类的不同,劳动合同可分为固定工劳动合同、合同工人劳动合同、农民工劳动合同、临时工(季节工)劳动合同等。

劳动合同是劳动者实现劳动权的重要保障,是用人单位合理使用劳动力、巩固劳动纪律、提高劳动生产率的重要手段,是减少和防止发生劳动争议的重要措施,是建立规范有效劳动关系的重要载体。

[写法指南]

劳动合同主要由标题、正文、结尾三部分组成。

1. 标题

即合同的名称,居中写,可写明劳动合同的性质,如"××公司合同""××公司临时用工合同"等。

2. 正文

正文是劳动合同的主要部分,应依次分条写明法定的主要条款和由当事人双方协商约定的事项。《劳动法》第十七条规定劳动合同必须具备以下条款:

（1）用人单位的名称、住所和法定代表人或者主要负责人。

（2）劳动者的姓名、住址和居民身份证或者其他有效身份证件号码。

（3）劳动合同期限。劳动合同期限可分为固定期限、无固定期限和以完成一定工作任务为期限。双方当事人可根据实际情况,按上述三种期限类型选择签订。如果有试用期限,根据《劳动法》规定,试用期限最长不得超过六个月。

（4）工作内容和工作地点。工作内容这一条款是劳动合同的核心条款之一,是指劳动者具体从事什么种类或者内容的劳动,即指工作岗位和工作任务或职责。它是用人单位使用劳动者的目的,也是劳动者通过自己的劳动取得劳动报酬的依据。劳动合同中的工作内容条款应当明确具体,便于遵照执行。工作地点是劳动者从事劳动合同中所规定的工作内容的地点,它关系到劳动者的工作、生活环境以及劳动者的就业选择,劳动者有权在与用人单位建立劳动关系时了解自己的工作地点。

（5）工作时间和休息休假。工作时间是指劳动者在企事业、机关、团体等单位中,必须用来完成其所担负的工作任务的时间。这里的工作时间包括工作时间的长短、工作时间方式的确定。工作时间的不同,对劳动者的就业选择、劳动报酬等均有影响,因此成为劳动合同不可缺少的内容。休息休假的权利是每个公民都应享受的权利。劳动法第三十八条规定:"用人单位应当保证劳动者每周至少休息一日。"

（6）劳动报酬。劳动合同中的劳动报酬,是指劳动者与用人单位确定劳动关系后,因提供了劳动而取得的报酬。劳动报酬是劳动合同中必不可少的内容。

（7）社会保险。社会保险是政府通过立法强制实施,由劳动者、劳动者所在的工作单位或社区、国家三方面共同筹资,保障劳动者基本生活需求的社会保障制度。社会保险由国家成立的专门性机构进行基金的筹集、管理及发放,不以赢利为目的。一般包括医疗保险、养老保险、失业保险、工伤保险和生育保险。

(8) 劳动保护、劳动条件和职业危害防护。劳动保护是指用人单位为了防止劳动过程中的安全事故,采取各种措施来保障劳动者的生命安全和健康。职业危害是指劳动者在职业活动中,因接触职业性有毒、有害物质等而对生命健康所引起的危害。根据职业病防治法第三十条的规定,用人单位与劳动者订立劳动合同时,应当将工作过程中可能产生的职业病危害及其后果、职业病防护措施和待遇等如实告知劳动者,并在劳动合同中写明,不得隐瞒或者欺骗。

(9) 法律、法规规定应当纳入劳动合同的其他事项。

劳动合同除前款规定的必备条款外,用人单位与劳动者可以约定试用期、培训、保守秘密、补充保险和福利待遇等其他事项。

3. 结尾

劳动合同的结尾包括用人单位、劳动者双方签章、鉴证员签章和签订日期,劳动部门鉴证意见、鉴证人姓名和日期。

订立劳动合同应注意:必须符合国家的政策法令;必须坚持平等、协商的原则;合同的条文必须具体、明确,标点符号正确;单位名称必须与公章(法人章)一致。

测一测

指出下面一份合同的不当之处。

××市实习学生劳动协议书

甲方(实习单位)名称:_____

乙方(实习生)姓名:_____

甲乙双方在平等自愿的基础上签订本协议。

第一条　协议期限

本协议自_____年_____月_____日起至_____年_____月_____日止。

第二条　实习报酬或实习补助

甲方应与乙方学校协商确定乙方实习期间的报酬或实习补贴。具体支付办法和标准约定如下:

_____
_____。

第三条　工作时间及休息休假

甲方保证乙方按国家和本市有关规定享受各种休息、休假。

第四条　劳动保护和劳动条件

(一)在实习期间甲方应根据国家及本市有关规定为乙方提供劳动安全卫生的实习

条件,为乙方配备必需的劳动防护用品。

(二)甲方应对乙方进行安全教育和岗位技能培训,实习学生不得从事特种作业。

(三)甲方不得安排18周岁以下的学生从事矿山井下、有毒、有害和国家规定的第四级体力劳动强度和其他禁忌从事的工作。

(四)甲方不得安排女实习生在经期从事高温、低温、冷水作业和国家规定的第三级体力劳动强度的工作。

(五)乙方在实习工作过程中应严格遵守劳动安全卫生规程和操作规程,有权拒绝违章指挥,对甲方及其管理人员漠视人身安全和健康的行为有权拒绝执行、检举或控告。

第五条 劳动纪律

(一)甲方有权按照国家及本市的有关规定及企业的规章制度对乙方实行管理。

(二)乙方应遵守甲方依法制定的各项规章制度和劳动纪律,保守甲方的商业秘密。

第六条 本协议的解除、变更、终止

(一)经甲乙双方协商同意,本协议可以变更或解除;

(二)本协议到期即终止,不得续订。

第七条 甲乙双方履行本协议发生争议先经企业调解委员会或实习学生所在学校进行调解,调解未成按中华人民共和国民事诉讼法程序办理。

练一练

1. 什么是劳动合同?它有什么特征?
2. 劳动合同一般包括哪些条款?

第十八节 海 报

看着面前宽敞的会议室,舒适的办公椅,还有密集的电脑,刚刚步入工作岗位的小明觉得很新鲜,这才叫白领生活!

当然,除了新鲜感之外,忙碌、富有挑战性的工作更让小明觉得自己到这家公司工作真的是来对了,虽然还只是在企划部门做一些打杂的工作,但是公司注重培养他们这些新人,每次的会议都要求他们旁听。

一次散会后,小明和几位新同事一起被领导留了下来,领导对他们说:"你们几位最近的工作表现大家都是有目共睹的,所以这次要求你们几位一起参与设计工作,结合我们的楼盘设计出一幅吸引大众的海报出来。与其他同事一起准时交稿。"

没想到这么快就可以参与公司的重要工作了,小明既兴奋又感到有点无从下手,他急忙参阅以往的工作案例,利索地研究起来。经过两个星期的构想,小明终于完成了自己的第一幅作品。虽然最终公司通过了一位老同事的设计方案,但是自己的成果也得到了公司的初步肯定,小明的积极性真正被调动起来了。

看一看

学一学

[基础知识]

1. 概念

海报是向公众报道或介绍有关电影、戏曲、杂技、体育、学术报告会等消息时所使用的一种招贴性应用文。

海报通常张贴在有关演出的场所,或较为醒目的地方,告知有关活动的事项。有的海报还可以在广播或电视上播出。

2. 特点

海报一般具有以下一些特点:

(1) 广告宣传性

海报是广告的一种。有的海报加以美术的设计,以吸引更多的人加入活动。海报可以在媒体上刊登、播放,但大部分张贴于人们易于见到的地方,其广告性色彩极其浓厚。

（2）商业性

海报是为某项活动作的前期广告和宣传，其目的是让人们参与其中。演出类海报占海报中的大部分，而演出类广告又往往着眼于商业性目的。当然，学术报告类的海报一般是不具有商业性的。

3．分类

一般来讲，海报从内容上看可以分为下列几类。

（1）电影海报

这是影剧院公布演出电影的名称、时间、地点及内容介绍的一种海报。这类海报有的还会配上简单的宣传画，将电影中的主要人物画面形象地绘出来，以加大宣传的力度。

（2）文艺晚会、杂技、体育比赛等海报

这类海报同电影海报大同小异，它的内容是观众可以身临其境进行娱乐观赏的一种演出活动，这类海报一般有较强的参与性。这类海报的设计往往要新颖别致，引人入胜。

（3）学术报告类海报

这是一种为一些学术性的活动而发布的海报，一般张贴在学校或相关的单位。学术类海报具有较强的针对性。

[写法指南]

海报一般由标题、正文和落款三部分组成。

1．标题

海报的标题写法较多，大体可以有以下一些形式：

（1）单独由文种名构成，即在第一行中间写上"海报"字样。

（2）直接由活动的内容承担题目，如"舞讯""影讯""球讯"等。

（3）可以是一些描述性的文字，如"×××再显风采""×××旧事重提"。

2．正文

海报的正文要求写清楚以下一些内容：

（1）活动的目的和意义。

（2）活动的主要项目、时间、地点等。

（3）参加的具体方法及一些必要的注意事项等。

3．落款

要求署上主办单位的名称及海报的发文日期。

以上的格式是就海报的整体而讲的，在实际使用中，有些内容可以少写或省略。

测一测

1．下面是某校学生写的一张海报，其中在语法规范、用语得体、文体等方面有多处错

误。请把它们找出来并改正。

海 报

为配合第五届中学生影评征文活动,促进同学们的电影欣赏和电影评论写作,我们荣幸地邀请到我省著名影评家张东先生光顾我校作题为"电影欣赏与评论入门"的讲座,会后张老师将为大家签名赠书以方便大家惠存。时间为本月28日下午4时。届时欢迎同学们参加。

明天中学学生会
4月25日

用语不得体的两处:(1)_____ 改为:_____
　　　　　　　(2)_____ 改为:_____
有语病一处:_____ 改为:_____
应补充的内容是:_____

2. 下面是从某书店的一则海报中摘录出来的话,文字表述上有两处毛病。请找出并进行修改。

① 我店刚到最新出版的长篇小说《人间正道》。② 该书有精装和简装两种版本,③ 其精装本封面、插图、印刷讲究,④ 质量上乘。⑤ 为沟通读者和作者联系,⑥ 特邀著名作家——该书作者周梅森来此签名售书。⑦ 地点在二楼文学作品专柜出售。⑧ 欢迎广大读者互相转告并踊跃参加。

改错:
① 第_____处改为_____
② 第_____处改为_____

练一练

1. 根据所学,请你设计出一张带有宣传图片的校园篮球比赛的海报,要求手绘。
2. 校学生会为丰富校园文化生活,增加学生的社会实践经验,欲于5月8日上午9点30分在校篮球场举办一次义卖会,请写一张海报张贴于学校宣传栏。

第十九节　借　条

作为新人的小明肯吃苦,每天总是早出晚归,不懂的地方虚心向老同志请教。小明的表现经理看在眼里,有几次,经理拍拍小明的肩膀,说:"你很认真,好好干。"小明更加勤奋。可是,这天小明接到家里的电话,说是爷爷生病住院,需要动手术,急需用钱。这可难坏了小明,自己刚工作不久,才发了一个月的工资,这点钱对于爷爷手术所需简直是杯水车薪,小明很苦恼,怎么办呢?这时同事给他出了主意,先向经理借一万元,承诺用工资偿还。小明敲开了经理办公室的门,经理听说了小明的困难,二话不说,借给了小明一万元整,还安慰小明不要着急。小明很是感动,工工整整地写了一份借条放在了经理办公桌上。

看一看

借　条

今借到××人民币壹万元整,即￥10000.00 元,期限 6 个月,自 2021 年 11 月 1 日至 2022 年 5 月 1 日,利率为每月 0.8%,利息共计人民币肆百捌十元整,即￥480.00 元,全部本息于 2014 年 5 月 1 日前一次性偿还。

此据。

借款人:小明
2021 年 11 月 1 日

学一学

[基础知识]

1. 概念

借条是人们彼此之间为处理财务、物资或事务来往,写给对方作为凭据或有所说明的条据。

2. 基本内容

借条的基本内容包括:债权人姓名、借款金额(本外币)、利息计算、还款时间、违约(延迟偿还)罚金、纠纷处理方式,以及债务人姓名、借款日期等要件。

[写法指南]

1. 借条的写作格式

(1) 标题。可写"借条"二字。

(2) 正文:写明事由或事实(涉及金额必须大写)。

(3) 署名、日期。

2. 写作借条的注意事项

(1) 写借条时,借款人、借款的日期、还款的日期、借款的数额等要件千万不能有差错。

(2) 借条一定要由借款人书写,而不是由贷款人书写,这样可以防止借款人以贷款人擅自书写内容为由,拒绝承认借条的有效性。

(3) 借条尽量简洁明了,不要用模棱两可的语言,比如 A 借 B 一万元这样的语言无法明确是谁向谁借钱,应当用借给而不是借。

(4) 不要书写借条的原因关系,如因为什么原因向你借钱,这个与借条本身无关,如果加入就可能产生附带条件的借贷民事行为,导致借款人引用该条件进行抗辩。

(5) 尽量附带借款人和贷款人的身份证号码,这样可以避免不必要的确认借条当事人的过程。因为,有时候某些人的日常用名与其身份证上的名字是不同的,如果借款人是用化名或小名,那么该借条的签名就存在重大瑕疵。

(6) 最后,也是最重要的一条是,借款人的签名一定要亲眼所见,如果借款人利用他人之手来签署名字,就会导致借条失去证明力。因此,不要接受已经书写好的借条或事后书写的借条,必须要求借款人当面书写借条。

测一测

下面是李想向班主任王老师写的一张借条,请指出其中的不当之处。

借　条

今借到我们班主任人民币 40 元整,用于购买钢笔和学习用笔,下周内归还。

此据。

借款人:李想

练一练

最近班里搞活动,你需要借用班主任的电脑,请写一份借条。

第二十节 请 示

"主任,你找我?""是啊,小明,我看了你的简历,知道你在学校很擅长组织活动,怎么样,可不可以为公司搞一个庆祝元旦的文娱活动?""主任,看您说的,这是我的职责,能有这个机会,我还要谢谢您了。""小伙子,不能光用嘴说啊,我可要看到你的真本事啊!""好,主任,我一定会尽心尽力地完成这个任务的。"

干起自己的老本行,小明明显觉得游刃有余,看来当年的努力真没白费。不过慢慢地小明就发现了一个问题。为了把活动办得精彩,需要的节目要多,节目多参加的人就多,虽说大家的热情都很高涨,节目也排得比较精彩,但整个活动算下来,经费已经超出了以往办活动的数倍。小明很是为难。

在得知了小明的困扰后,主任笑了,"小伙子,资金不是问题,你以企划部名义写份申请资金的请示,上面肯定会批的。"有了这个答案,小明心放宽了,立即着手研究起如何写好这个请示。不用说,小明这次的任务同样完成得非常出色。

看一看

关于申请元旦活动资金的请示

尊敬的刘总:

值 2021 年元旦来临之际,为丰富公司广大员工的文化生活,着力营造喜庆祥和的企业文化氛围,鼓励大家以昂扬的斗志、冲天的干劲和敢打必胜、超越自我的精神,立足维稳增效,咬定年终目标,确保年终销售各项指标圆满完成,我们企划部拟组织开展庆祝元旦综合文体活动(下设"唱响新纪元"等十二项活动),需要活动资金40000元,用于活动器材、设备和奖品的购置。

当否,请批示。

企划部(盖章)

二〇二〇年十一月二十三日

学一学

[基础知识]

1. 概念

请示是下级机关向上级机关请求决断、指示、批示或批准事项所使用的呈批性公文。请示属于上行公文,其应用范围比较广泛。

2. 特点

(1) 针对性。只有本机关单位权限范围内无法决定的重大事项,如机构设置、人事安排、重要决定、重大决策、项目安排等问题,以及在工作中遇到新问题、新情况或克服不了的困难,才可以用"请示"行文。请示上级机关给予指示、决断或答复、批准。所以请示的行文具有很强的针对性。

(2) 呈批性。请示是有针对性的上行文,上级机关对呈报的请示事项,无论同意与否,都必须给予明确的"批复"回文。

(3) 单一性。请示应一文一事,一般只写一个主送机关,即使需要同时送其他机关,也只能用抄送形式。

(4) 时效性。请示是针对本单位当前工作中出现的情况和问题,求得上级机关指示、批准的公文,如能够及时发出,就会使问题得到及时解决。

3. 种类

根据内容、性质的不同,请示分为以下三种:

(1) 指示性请示。

(2) 批准性请示。

(3) 批转性请示。

[写法指南]

请示由首部、正文和尾部三部分组成,其各部分的格式、内容和写法要求如下:

1. 首部

主要包括标题和主送机关两个项目内容。

(1) 标题。请示的标题一般有两种构成形式:一种是由发文机关名称、事由和文种构成,如《××县人民政府关于××××××的请示》;另一种是由事和文种构成,如《关于开展春节拥军优属工作的请示》。

(2) 主送机关。请示的主送机关是指负责受理和答复该文件的机关。每件请示只能写一个主送机关,不能多头请示。

2. 正文

其结构一般由开头、主体和结语等部分组成。

（1）开头。主要交代请示的缘由。它是请示事项能否成立的前提条件，也是上级机关批复的根据。原因讲得客观、具体，理由讲得合理、充分，上级机关才好及时决断，予以有针对性的批复。

（2）主体。主要说明请求事项。它是向上级机关提出的具体请求，也是陈述缘由的目的所在。这部分内容要单一，只宜请求一件事。另外，请示事项要写得具体明确、条项清楚，以便上级机关给予明确批复。

（3）结语。应另起段，习惯用语一般有"当否，请批示""妥否，请批复""以上请示，请予审批"或"以上请示如无不妥，请批转各地区、各部门研究执行"等。

3. 落款

一般包括署名和成文时间两个项目内容。标题写明发文机关的，这里可不再署名，但需加盖单位公章，成文时间要写明具体的年、月、日。

测一测

1. 请将下面这则请示的错误之处找出来并改正。

关于推荐陈雨等九位同志参加××考察活动的请示和报告

×财发〔2018〕07号

省外办：

根据你办《关于组织××省第九届对外交流考察活动的通知》精神，经我局研究决定，同意推荐陈雨等9位同志参加××考察活动，名单附后：

××行	李　强	高级会计师
××所	陈　雨	所长
⋮	⋮	⋮

报告当否，请批示。

××市财政局

2018年2月10日

改错：

① _____

② _____

③ _____

④ _____

⑤ _____

⑥ _____

⑦_____
⑧_____

2. 请将下面这则请示的错误之处找出来并改正。

××研究所关于增加办公室编制、经费和解决办公用车的请示

××××：

我所办公室自××××年×月成立以来，在有关部门的大力支持下，工作开展顺利，但目前仍存在一些较为实际而又急需解决的困难。

第一，我所在办公室编制甚少，现编制4人，除两名正、副主任外，只有2名工作人员，又因本部门工作需经常外出调查，故工作不能很好地开展。

第二，经济严重不足。由于我所辖地目前有5个肿瘤高发区现场，需要我们组织人、财、物调查发病原因及有关数字，但包干的经费远远不够所需开支的资金。有些工作，由于经济不足，已陷入瘫痪状态。

第三，出车难问题。由于交通工具不便，人少经费紧，我们需要批给一辆卧车和司机。

以上请示报告，请批复。

××研究所（印章）
二〇××年×月×日

改错：

①_____
②_____
③_____
④_____

练一练

1. 清水村的学校校舍年代久远，破烂不堪，有的已成危房，再加上入学儿童增加等原因，校舍不够用，村里决定另选校址新建一座校舍。目前校址已选定，村里通过村民募捐等形式已筹集了部分资金，不足部分打算向镇政府申请拨款20万元。请你代表村委会，给镇政府写一份请示。

要求：（1）按照公文的内容格式要求，不能遗漏。

（2）注意请示的理由要充分具体（可以根据材料合理想象），以得到上级领导的支持，尽快拨款。

2. 假设你是学生会的一员，2021年学生会办公室的地点由思明湖畔的旧瓦房搬迁

到文体馆(原经贸系系办)处,打算向校团委申请安装固定电话一部,请你以学生会的名义,写一份请示。

第二十一节　广　告

这天,小明接到一个电话,是表妹小月打来的。表妹只比小明小几个月,现在在一家广告公司实习,最近表妹接到了老板的一项任务,为一家电脑公司写一份广告文案,虽然老板不一定采纳表妹的文案,但是这份文案将决定表妹的去留。表妹很紧张,她想到了在企划部工作的表哥,在她的心目中,表哥一向能干,看来得请表哥帮帮忙了。小明当晚就加班加点,帮表妹修改了文案。最终,老板看了这份广告文案后,决定留下小月。这份决定小月去留的文案到底是怎样的呢?

 看一看

电脑广告文案

《昨天篇》
　　平实价格　　轻松拥有
　　昨天我妹妹买了台 PC 上网
　　如果你想拥有一台品牌电脑,××"梦飞"不是梦。平实的价格,畅通的销售网络,优质的服务,让寻常百姓感受一份关爱,一片热情,一种轻松拥有的满足。

《今天篇》
　　时尚小巧　　世纪潮流
　　今天我与网友 TOM 有个约会
　　海水绿透明机箱,晶莹剔透;全流线外观造型,智慧小巧;主机内置音箱,蕴含激情,引领 2021 年时尚设计新潮流。

《明天篇》
网络生活美好人生　　明天我也上网交个友
单键上网,结合极为丰富的网上信息服务。

 ## 学一学

[基础知识]

1. 概念

广告,本义为"大声叫卖"。如今,广义的广告主要是指通过一定的传播媒介,向公众告知某种信息的行为。此处,将广告视作一种文种,实际上指的是广告稿或广告文案。

2. 特点

广告作为一种独特的宣传传播方式,其特点与它的定义是紧密相关的,主要包括周密的计划性、明确的目的性、对媒介的依赖性、相对的艺术性。

3. 种类

(1) 以诉求点为划分标准,广告主要有商品广告和公关广告之分。

商品广告,用于介绍商品的功能和特点等,直接劝说人们购买商品,其效果主要体现在经济效益上,一般在短期内见效,并可作出评估。

公关广告,也称形象广告,是一种设法增进公众对企业的了解与认识,提高企业的知名度和美誉度的广告。它往往具有一定的公益性,使用范围并不局限于经济领域,但在经济生活中极为常见。与商品广告相比,公关广告并不直接劝说人们购买产品,而通过唤起人们对企业或产品的注意、兴趣和好感,并通过各种社会活动来提高企业的知名度,增强品牌的亲和力,最终追求丰厚、持久的回报。

(2) 按照传播媒介来划分,广告可分为报纸广告、杂志广告、广播广告、电视广告、网络广告、路牌广告、灯箱广告等,其中以报纸、杂志、广播、电视和网络广告的使用最为广泛。

4. 广告写作与一般写作的异同

相同之处:

它们都属于写作的范畴,共同遵循着一些基本规律,如都遵循主题发挥灵魂作用的规律,都遵循结构讲究优化组合的规律,都遵循文本包含上佳创意的规律,都遵循语言追求良好效果的规律。

相异之处:

(1) 广告文案的写作更注重文字以外的因素。在广告作品中,除了文字的因素外,常常还包含画面的因素、音响的因素等。广告文案在创作时必须综合考虑这些因素,为画面、声音等留下适当的空间。文案对画面、音响等起画龙点睛的作用,相辅相成,相得益彰。

（2）广告文案的写作更注重独到的创意。毋庸置疑，任何写作都是作者的一种创造性活动，但广告的这种独创性显得更为重要，失去了创意，它就失去了存在的意义。创意乃广告之魂。

（3）广告文案的写作更注重文本的精短。快速的生活节奏，使人们无暇在繁长的广告前停留，所以，广告文案写作中，不仅要炼意，而且要炼句甚至炼字。如某保险公司的广告："当晚霞消逝的时候……"，已经简练到了不能再简练的地步，然而，我们却能从委婉的广告语后面领略到它的意思。

（4）广告文案的写作更注重劝服的作用。广告带有明确的功利性，这种功利性最终的目的就是影响目标受众，影响他们的消费思想和消费行为，所以，整个广告文案都围绕着两个字：劝服。广告文案是以有效劝服目标受众论英雄的，广告文案质量的高低归根结底是通过劝服效果来检验的。

[写法指南]

广告主要由标题、正文、广告口号、结尾四部分构成。

1. 标题

广告标题是广告的眉目，内容主要以传达商品个性或服务特色为主，表达形式上比较灵活。

著名广告人大卫·奥格威在他的著作《一个广告人的自白》中曾对标题的写作提出过十大建议：

（1）投目标受众所好，并切实地使之受益。如意大利航空公司广告标题直接向顾客告知了去意大利旅游的好处：

了不得，如今你的美金，在意大利比在欧洲百分之八十的观光国家中，能够买更多的东西。

（2）尽量把新内容、新事物、新观念等引入标题，如：

结实的杜邦塑料能在冲击破碎情况下使破碎玻璃片仍粘合在一起。

"吉普"打火机每天使用，20年后唯一该更换的部件无非是它的铰链。

（3）标题中尽可能写上商标的名称。如：

光临风韵之境——万宝路世界。

人类失去联想，世界将会怎样？

今天你喝了没有？娃哈哈果奶。

（4）使用能够引起人们好奇心的词语，如一则劝告人们不要酒后驾车的广告标题：

我爱上一个名叫Cathy的女孩，但我却杀了她。

（5）长度适中，简洁凝练。美国纽约零售业研究院与百货商店合作，对广告标题进行调研，结果发现：字数10个或10个以上的标题，只要有新内容、新信息，常常比短标题推销的商品多。6—12字的标题广告效果最佳。

（6）避免使用笼统或泛泛的词语，力求生动、具体、形象。可以对比这样两则洗发液广告，显然后者更能打动消费者：

它带给我一流的头发。

它使人的头发质地柔软、熠熠生辉，恰似绿草地一般清新芬芳。

（7）忌用晦涩难懂的词。据统计，美国平均每人每天接触广告 15 条，人们根本不可能花时间去推敲表达含糊的广告标题。

（8）避免使用否定词。如"我的盐中没有砷"，这一广告标题的原意是告诉读者这种产品不含危害人体的砷，但往往却会给读者留下此地无银三百两的印象，从而持怀疑态度，不敢问津。

（9）将"卖点"体现在标题中。如：

晶晶亮，透心凉（雪碧饮料）。

威力洗衣机，献给母亲的爱。

（10）时时提醒自己注意几个问题：第一，文字表达得简洁清楚吗？有没有以词害意？第二，有没有套用别人的老话？是否缺少创造性？第三，有没有使用个性化的语言？有趣味吗？第四，坚持广告标题的准确性。

2. 正文

标题的作用在于吸引消费者，正文的重点就在于说服消费者，使消费者由注意、兴趣阶段向前发展，产生购买的欲望，导致购买的结果。

正文的内容一般包括：对标题内容的解释、阐发或证实，对产品的原理、性能、功用与优点的说明，以及对售后服务的承诺等。

广告方案的写作充满了创造性，包含非常独特的创意，其形式也十分灵活。就篇幅而言，广告可以短至一句话或只有一个标题，也能够长达数千字；表达上，可以采用逻辑的或直陈的或说明的方法，也可以采用形象的或抒情的或描绘性的方式；格调上，可以质朴如商品说明书，也可以文采斑斓如一篇优美的文学作品；形式上，更是丰富多彩，无论是对话、小品、故事、信函、对联还是诗歌、散文等，只要能充分表现广告的主题，并引起消费者的注意和兴趣，都可以采用。

如雕刻时光咖啡馆平面广告文案：

雕刻时光心情故事

9：30 杯子是满的心是空的

10：00 咖啡是新的故事是旧的

10：30 咖啡越喝越少味道却越来越浓

11：00 还不会磨咖啡豆先学会研磨心情

13：37 坐在靠窗的位置手指不自觉地在玻璃上画着他的名字

13：52 他就在对面抿了一口蓝山一脸冷静的表情

14：30 我低着头静静地搅着杯中的咖啡

15:30 这样的午后我一个人……

这是一则被称为后现代的广告文案,在看似不经意的时光流逝中能看到作者在谋篇布局和遣词造句方面的精心安排:以特定人物的情感诉求为主,严格按时间顺序进行叙述,道具咖啡、咖啡杯都发挥了不可低估的作用。杯子的满、心灵的空被赋予了特别的含义;咖啡趋少,味道愈浓,与特定人物复杂的心理内涵相联系,也借以显现咖啡口味的纯正。在文字上也颇见功夫:句子表意多用对举方式,内涵浅近而又深远;"雕刻时光""研磨心情"等,都采用了超越常规的组词方式、话语方式。

下面这则广告正文只有18个字,没有标题,没有广告语,也没有附文,但传播效果依然不错。

完全不用担心头屑,自然感觉很亲近。海飞丝。

3. 广告口号

广告口号又称广告语、广告标语或广告警句。许多广告会采用一两句具有鼓动性或富于感染力的口号来传达广告物形象,达到过目(耳)不忘的效果。很多商品的广告不同时期常有更新,但广告语却相对稳定,成为经典,甚至成为人们生活中的常用语,如雀巢咖啡的"味道好极了"、宝山钢铁公司的"要好钢,找宝钢"、戴比尔斯钻石的"钻石恒久远,一颗永留传"、飘柔洗发液的"飘柔,就是这么自信"、康师傅方便面的"好吃看得见"等。

4. 结尾

结尾也称随文、附文,是附属性的文字,可供选择采用,主要起购物指南的作用,一般用于说明企业的名称、地址、邮政编码、电话以及经销单位、特约维修点等。对于消费者比较熟悉或畅销的商品,结尾可以省略。

测一测

说说你对下列这则广告的看法。

远方,有一个人已经很失落,
可你寄不去一个关心的人……

您的挚友是否不太顺?您的驻外员工是否很辛苦?您的亲人是否需要您的问候?

4月10日起,中国电信在原有礼仪电报庆贺、请柬、吊唁三种业务之基础上,增开慰问礼仪电报新业务;如果您想表达一份关怀和鼓励,或是一份爱心与挚情,请使用慰问礼仪电报,详情可就近查询电信部门。

关心的滋味——得到的人最为明了……的表达——中国电信想得最是周到!

 **练一练**

为阿Q桶面写一份广告文案。

第二十二节　启　事

"从销售的情况来看,我们的房子是很受欢迎的,上级领导的意思是希望我们企划部有针对性地搞一次活动,吸引更多的客人。"所有员工各抒己见,有提议搞一次看房团活动,有提议在售房中心搞一次有奖征答活动,还有的建议继续在电视上加大广告力度。一时间,众说纷纭,决议定不下来。"大家想的这些办法我们都搞过,还有新的想法吗?"

"领导,要不搞一次摄影大赛吧!""这个好。""对,效果既广,而且成本也小。"最终,大家一致通过举办摄影大赛。"那,这个活动的发起就需要先出一个征稿启事。""领导,小明很擅长写这个。""啊?"小明一惊,怎么又是临场点兵?"小明,怎么样?大家推举你了。""行,我一定会努力干好的。""年轻人就要敢于尝试,不错,我们大家也会配合你的。"

带着领导的期望和大家的推举,小明半点不敢马虎。其实这次的任务并不困难,但是要让大家满意,还是要精雕细琢一番的。电脑前的小明又一次为实现自己的梦想打拼着。

 看一看

"绿城白兰杯"摄影大赛征稿启事

主办单位:
××省摄影家协会　××绿城房地产开发有限公司
协办单位:
××市摄影家协会,××市艺术摄影学会,搜房网

大赛评委会：

省、市摄影家协会专家，××绿城公司相关领导

征稿要求：

一、参展作者对象：广大摄影工作者和摄影爱好者均可投稿。

二、参赛作品范围：

1. 本市新城内蠡湖以南，华清大道以西，长广溪以东。

2. 在拍摄范围内的城市建设发展成果，如生态环境景观、配套建设、住房建设等。

三、谢绝提供电脑创意和改变原始影像的作品，照片仅对亮度、对比度、色彩饱和度作适度调整，不得做合成、添加、大幅度改变色彩等技术处理。

四、本次活动不收费。

五、对于获奖作品，主办单位有权在出版画册、举办展览、相关宣传中使用，不再支付稿费。

六、本次参赛的作品必须是近期原创作品，没有参加过任何评奖，并保证其拥有该作品的合法著作权，如有任何相关的法律纠纷，法律责任由参赛者本人承担。

七、凡投稿的作品，均视为同意并遵守以上各条规定；凡不符合征稿要求作品，一经发现将一律取消参评资格。获奖、入选作品数量及稿酬：

1. 一等奖：1名，奖金10000元人民币或等值奖品，颁发证书。

2. 二等奖：3名，奖金各5000元人民币或等值奖品，颁发证书。

3. 三等奖：5名，奖金各3000元人民币或等值奖品，颁发证书。

4. 优秀奖：15名，奖金各500元人民币或等值奖品。

5. 入围奖：56名，奖金各200元人民币或等值奖品。

6. 网络评选前20名，奖金500元人民币或等值奖品。

注：税金由获奖者自行缴纳。

作品投稿须知

1. 每位作者投稿数量限8幅，彩色、黑白均可，照片规格一律为10英寸，谢绝超大尺寸。作品一律不装裱。每幅作品背后须粘贴《作品表》（附后），并如实填写每项内容，要求字迹工整。

2. 获奖、入围作品需在颁奖前向主办方提供原始文件。

3. 投稿地址：××市西水墩1号 ××市文化馆摄影部 朱全宇

电话：13013326870，85525697—2

作品参与网络评选须知

投稿数量仅限每人3张。

请根据搜房网规定如实填写《报名表》。

网络评选地址：搜房网（××）

截稿日期：2021年3月15日截止（以收到作品时间为准）

学一学

[基础知识]

1. 概念

"启"即告知、陈述,"事"即事情。启事,是用公开发布的方式,向公众说明某一事项或希望他人协助办理某事的日常事务文书。

2. 特点

(1)广泛性。生活中,几乎到处可见启事的身影。可以说,它是我们日常生活、工作、学习中最普遍的应用文之一。其广泛性主要表现在三个方面:

发布者众多。一般来说,任何机关、企事业单位、团体或个人只要有需要,都可以采用启事这种文体。它不像一些法定的行政公文如通知、通告、公告等,受级别、范围等方面的限制较大。

发布形式多样。启事的发布可以借助大众新闻媒介,最常见的如报纸、电视、广播、网络;还可以利用信函;另外,张贴也是一种个人发布者常用的方式。

用途比较灵活。启事涉及的事情非常繁杂,组织的开业、停业、更名、迁址、公章启用、周年庆典、招生、招聘、招标、招商等,个人的征婚、征友、寻物、寻人等,都可以采用启事这种文体。

(2)告启性。启事以诚挚的态度、平实的语言知会他人某事,或恳请他人协助自己。从法律上来说,对他人没有强制性和约束力,主要作用和目的只是告知他人,传达信息,至于他人看了启事后会采取何种态度和行动,基本上出于他人的自觉自愿。

(3)简明性。启事都是一文一事,简单明了,只用叙述,不需描写、说明、议论或抒情,否则会文多意乱,影响效果。

3. 种类

按性质分,有公务类启事、个人事务类启事。

按目的分,有告知类启事、诉求类启事。

按作用分,有声明类启事、征招类启事、寻找类启事。

[写法指南]

1. 启事的结构

启事由标题、正文、署名、发布时间四部分组成。

(1)标题

启事标题有多种写法,大致有以下几种结构:

① 发布者+事由+文种,如《南京师范大学招聘辅导员启事》《远大公司更名启事》《〈现代快报〉改版启事》。这种标题的好处在于要素俱全,令人一目了然,容易在第一时

间抓住人的注意力,同时也显得比较正式、郑重,多用于公务类的启事。

② 事由+文种,如《征婚启事》《征稿启事》《寻人启事》。这种标题比较适用于涉及范围较小的情况,常见于都市晚报上的分类广告专版、生活社区的告示栏等地方。

③ 只写"启事"二字。这种标题大而醒目,但指代不明确,不太容易吸引他人注意力。

④ 直接以所涉事由命名,如《寻狗》《"助残日"征求志愿者》。

(2) 正文

启事正文的基本结构是:具体事项+联系方式。

① 具体事项。启事虽然强调简洁短小,但在具体事项的叙述中一定要兼顾准确、清楚、规范。写作时,应把握不同类型启事的特点。

声明类事项:直接明了地说明要告知的事情即可。

征招类事项:这一类启事应用较广,还可细分若干小类,但无论出于何目的,这类启事都会包括一些基本要素,如征招原因、征招对象、征招条件或要求等。但有时不宜写得过细,如"招领启事"就不宜将被招领之物的特征写出,为防止冒领,可用模糊语言表述。

寻找类启事:不论寻人还是寻物,为了充分发挥启事的作用,一般要在事项中清楚地交代一些内容,包括名称、特征、数量、丢失原因、时间、大致方位、酬谢方式等。

② 联系方式。启事的目的不仅是告知,有时也包括希望他人协助办理,希望他人积极参与的愿望,以引起互动,所以往往需要留下联系方式,包括联系人姓名、电话(固定电话、移动电话)、通讯地址(邮政信箱、电子信箱)等。

(3) 署名(落款)

一般正文下应有署名,必要时还可加盖公章。如果启事标题中已写明发布者,则不需再署名,避免重复冗余。

(4) 发布时间

一般在署名之下应标注发布时间,在没有署名的情况下,发布时间则直接写在正文之下。另外,如果启事在新闻媒体上发布,因时效性较强,也可不写发布时间。

2. 启事的写作要求

(1) 中心要突出

一事一启,不要有冗余繁杂的话,直奔主题,要传递给受众什么信息,要达到什么目的,直接交代清楚,做到一语中的,准确无误。

(2) 形式要为内容服务

不同的启事,正文的写法不尽相同。"招聘启事"要把招聘人才的具体要求、福利待遇、联系方式等讲清;"征婚启事"和"换房启事"要把自己的条件和对对方的要求讲清。至于正文的字数,有话则长,无话则短,不作硬性规定。

（3）信息要有效

启事必须做到要言不烦，表意精确，以提供有效信息为第一要旨。如一则"寻物启事"这样写："本人不慎于 8 月 12 日在电信局门口遗失手机一部，盼有拾到者归还，必有重谢。"哪个电信局，什么型号的手机，到哪里归还，都没有讲清，因此，这则启事是无效的。

 测一测

1. 下面一则启事中每一处都有错误，请找出来加以改正。

① 寻物启示② 我叫张小勇，是九年级(1)班的一位男生。③ 本人不慎在学校操场遗失钥匙一串，上有钥匙若干。④ 有拾得者请马上交到九年级(1)班的张小勇处，⑤ 不甚感激。⑥ 2021 年 6 月 15 日张小勇

改错：

① _____
② _____
③ _____
④ _____
⑤ _____
⑥ _____

2. 下面一则"招领启事"在格式、表达上有五处不合理，请找出来并加以改正。

招领启事

各位同学们：

　　本人于 10 月 16 日下午三点十五分，在学校运动场看台上捡到红色皮夹一只。内有人民币两百元、羊城通卡一张、广百购物卡一张、精美图片五幅，请失主速与高一(18)班王宁同学联系，本人十分感谢！

2021 年 10 月 17 日
高一(18)班　王宁

改错：

① _____
② _____
③ _____
④ _____
⑤ _____

 **练一练**

1. 假设你朋友家养的一只狗丢失了,请你替朋友写一则寻狗启事。
2. ××中学百年校庆,请你为学校写一则校庆启事。

第二十三节 就职演说词

小明在单位表现越来越出色,到公司没多久,就完成了好几项领导交办的任务。这天,领导跟他说,最近 C 组的组长被调到其他部门了,他的位置空缺了下来,虽然你来公司时间短,但是你做出的成绩还是有目共睹的,你可以竞聘上岗。小明一听,很是激动,经过激烈紧张的竞争,小明终于坐上了组长的位置。当天晚上,企划部为小明举办了一个小型的庆祝大会,在庆祝大会上,小明发表了如下就职演说。

 看一看

就职演说词

尊敬的各位领导,各位同仁们:

    晚上好!

    在这里我非常感谢各位领导、同仁对我的信任以及企划部对我的培养,给了我担任小组长这个机会。在知道自己成为小组长之时,我感到这不仅是上级领导和各位同仁对我的信任,更是赋予了我巨大的责任。今天,面对上级领导和各位同仁,我心情很激动,同时也很有信心带领我们小组,打造"学习型、创新型、和谐型"的品牌,建立"严格高效,善于思考,团结互助,沟通理解,积极主动,乐观向上"的团队优良作风,达到"提高素质,提升技能"的宗旨,共同把企划部管理好、发展好。在这里,我向各位领导、同仁郑重承诺:

    在担任小组长期间,我将在新的岗位上协助经理,积极努力工作,认真履行职责,认真学习专业知识,让管理走上规范化的轨道,建立能有效按上级要求完成好工作和达成目标的团队。

    我相信,经过我们大家的共同努力,我们组一定会上一个新的台阶。

    最后,祝各位身体健康,并通过你们传达,祝你们家人健康快乐、万事如意。

学一学

[基础知识]

就职演说词是指通过竞聘后,新上任的领导干部在特定的环境中对听众的一次正式亮相与表态。因此,演说词的篇幅一般都比较短小,这就要求语言必须简洁、明快,切忌夸夸其谈,拖泥带水。

就职演说词与求职演说词、竞聘演说词相比有许多相类似之处,但也有自己的突出特点:针对性、承诺性、简洁性、鼓动性。

就职演说词就其内容来说,可分为施政纲领式和表明态度式两种。

[写法指南]

就职演说的背景、性质、对象、范围等情况是不一样的,因而它的内容与结构也是丰富而有变化的。但就其基本程序而言,仍可分为以下几个部分:

1. 标题

就职演说的标题有三类。一类是文种标题,即只标"就职演讲稿";一类是公文标题,由就任职务与文种构成,如《关于就任××市市长的演讲》;还有一类是普通文章标题,可用单行标题,也可用正副标题。

2. 称谓

指对现场听众的称呼。这要根据听众的不同身份而定,力求恰当、得体,如"各位领导,同志们"等。

3. 正文

(1)开头。就职演说的开头,一般都要表达任职者的心情与对听众的谢意。开篇要恳切自然,给听众以良好的印象与感受。

(2)主体。这是全文的主要内容。应当着重谈就职者的工作目标、打算与措施,以获取听众的信任与支持。

4. 结尾

就职演说的结尾,一般都要发出号召,展望前景,给听众以激励与鼓舞。

测一测

找出下列就职演说词的不妥之处,并指出来。

就职演说词

同志们:

省委调我来市任职,使我有机会为××市××多万人民服务,我感到非常荣幸,同时又深感责任的重大。

作为新任市长,新官上任三把火,具体到政府工作,我们要做到"三不变、五坚持"。

当前,要认真学习、全面领会党的十八大精神,围绕主题,把握灵魂,深入学习,务求实效。要把思想和行动统一到十八大精神上来,以建设全面小康社会的奋斗目标统揽工作全局。

要围绕中心,把握全局,处理好经济建设与其他工作的关系。坚持以经济建设为中心不动摇,增强忧患意识,找准差距,正视困难,艰苦奋斗,始终保持昂扬的精神状态。

要切实转变作风,以发展的观点营造勤政为民、与时俱进的政府工作氛围,要把主要精力用在调控、引导、监督、服务上,用在改善发展环境、解决人民群众的实际困难上。政府工作人员要善于学习,努力掌握经济发展的规律,使政府工作特别是政府决策符合经济发展的规律。要以改革意识建立运转协调、办事高效的工作机制,增强工作透明度,进一步规范行政行为,促进依法行政,把政府的职能真正转到宏观调控、市场监督、社会管理和公共事务上来。要以求实的作风,面向群众,把好事办好,实事办实。既要注意大多数群众普遍关心的共性问题,使大多数群众得到实惠,又要注重解决困难群体的特殊问题,切实保障他们的基本生活;既要着眼于人民群众的长远利益,集中力量办大事,从根本上改善人民群众的生产生活条件,又要立足当前,从人民群众的迫切需要做起,切实解决他们的眼前困难。要进一步强化群众观念,体察民情,了解民意,集中民志,珍惜民力,真正做实事求是的表率,做联系群众的表率,做艰苦奋斗的表率,做清正廉洁的表率,做遵守纪律的表率,不断提高领导水平。以解决人民群众关心的热点、难点问题为重点,深入基层调查研究,政府各部门要深入基层,深入企业,深入实际,调查研究,认真解决群众关心的重大问题。总之,要求真务实,开拓创新,适应社会主义市场经济发展的新要求,在市委的领导下,自觉接受人大、政协的监督,扎扎实实地把政府工作提高到一个新水平。

谢谢大家!

 练一练

如果你已经成功竞聘当上校学生会主席,请你写一份就职演说词。

第二十四节 开幕词与闭幕词

"小明,当上组长还适应吗?"听到领导的关心,小明直言不讳地表达了自己的想法:"领导,其实当上组长后,我还没有接到布置的任务呢。大家都等得很着急。""呵呵,年轻人,慢慢来嘛,不要这么着急。""可是,领导,我上任以来,还没有为公司出过力,这个组长我当得有点不合格。"

"好钢要用在刀刃上嘛。"小明眼睛一亮:"领导,是不是有新任务呢?""年轻人,不要心急,公司确实有个新任务。"领导卖起了关子,"我们公司一年一度的员工代表大会即将召开了,但是,我还没有决定要给你们企划部哪个组。""领导,我们组有信心完成任务,而且让您满意。"

"话虽这么说,做起来可不简单啊,年轻人。""我们肯定会尽心的。"看到小明完成任务的决心,领导话锋一转,"行,这个任务就交给你们组完成,不过除了会场的布置、活动的整体规划外,你们还需要为主席团准备好开幕词和闭幕词,这个你们组可以办到吗?""保证完成任务,请领导放心。"

小明果然不负众望,新任务完成得很出色,得到了领导的高度肯定。

 看一看

绿城房地产有限公司员工代表大会开幕词

各位员工代表:

绿城房地产有限公司第八届十次员工代表大会现在开幕。

出席这次代表大会的员工代表有主管机关全体员工、各公司主管以上的员工、管理人员、年度优秀员工和先进集体代表。

会议的主要任务是回顾过去、展望未来、表彰先进、激励后进,全面总结2013—2014年度工作中取得的成绩、经验和教训,认清当前的形势和今后面临的困难,明确公司发展的战略目标,落实措施,确保公司健康、稳定、快速地发展。

这次大会的主要议程是:

1. 审议刘总经理的工作报告;
2. 审议各职能部门2019—2020年度的工作方案;
3. 听取各公司、分公司负责人的述职报告;
4. 听取绩效考核办法和部分员工职务晋升及工资晋升方案;

5. 表彰年度优秀员工和先进集体。

这是一次继往开来的大会，完成这次大会任务对公司的发展具有重要的意义。所以要求全体参会的员工代表：深入地学习和讨论刘总经理的工作报告和各职能部门的工作实施方案，并结合本岗位的实际情况，提出建设性的建议，以便今后工作的开展；负责分组讨论的小组长和记录人员，要认真记录小组讨论中形成的提案，报请大会主席团进行讨论，并做出提案解答。

员工是公司的主人，是公司前进的动力。我们各位员工代表在这里总结过去、规划未来。希望各位代表积极为公司的发展进言献策，一起描绘我们共同的蓝图，一致通过并确定今年的工作目标和措施，让本次员工代表大会成为公司发展史上的又一个新的里程碑。

最后，预祝大会圆满成功！

绿城房地产有限公司员工代表大会闭幕词

各位员工代表：

绿城房地产有限公司第八届十次员工代表大会，经过全体代表的共同努力，已圆满完成了大会的各项议程，现在就要闭幕了。

在本次大会期间，代表们认真听取并审议了刘总经理的工作报告，审议了各职能部门2019—2020年度的工作方案，听取了各公司负责人的述职报告、绩效考核办法和部分员工职务晋升及工资晋升方案，表彰了2019—2020年度优秀员工及先进集体，上述报告和方案通过了大会决议。这次大会让各公司、各部门员工明确了2020—2021年度工作任务，统一了认识，增强了信心，振奋了精神，必将对我公司今后的发展产生积极而深远的影响。

这次大会，得到了各公司领导和员工的大力支持，他们为大会的顺利进行付出了辛勤的劳动。在这里，我代表大会主席团向各级领导，向全体代表，向大会全体工作人员，表示衷心的感谢！

这次大会自始至终充满了团结、民主的气氛。代表们在讨论中，充分肯定了2019—2020年度工作，同时也提出了许多建设性的意见，对2020—2021年度工作提出了希望和要求。这次大会总经理提出了公司今后的奋斗目标，并对2020—2021年度的工作进行了部署，我们的奋斗目标是鼓舞人心的，我们所面临的工作任务是十分艰巨的。大会结束以后，全体员工要积极行动起来，认真学习和贯彻本次大会精神，结合各公司、各部门的具体情况，全面落实本次大会提出的各项任务；开展向优秀员工、先进集体学习的活动，用自己的模范行动，团结和带领全体员工，为公司再上新台阶做出应有的贡献。

现在，我宣布，绿城房地产有限公司第八届十次员工代表大会闭幕。

学一学

[基础知识]

开幕词是大型会议开始的时候,由组织召开会议的机关的主要领导人向大会全体代表发表的讲话。开幕词的内容主要是阐述会议的指导思想、宗旨、重要意义,向与会者提出开好会议的要求,或对会议的成功表示祝愿。

闭幕词与开幕词相对应,是会议结束时由主要领导人向全体会议代表所作的总结性讲话。致闭幕词的领导人,跟致开幕词的领导人一般不是一人,通常与致开幕词者身份相当或略低。闭幕词的主要内容是对会议作概括性的评价和总结,并向与会者提出贯彻落实大会精神的要求,向与会单位提出奋斗目标和希望。

办任何事情都不能虎头蛇尾,大会有一个隆重的开头,也应该有一个郑重的结尾。会议是否能给人圆满的印象,闭幕词起着重要的作用。

[写法指南]

1. 开幕词的写法

(1) 标题、时间、称谓

开幕词的标题,有三种写法:

一是由大会名称加文种组成,如邓小平所作的《中国共产党第十二次全国代表大会开幕词》。

二是由致词人姓名、大会名称、文种组成,如《×××同志在××××大会上的开幕词》。

三是在文种名称上有所变通,如江泽民 1999 年 12 月 2 日作的《在〈维也纳公约〉缔约方大会第五次会议和〈蒙特利尔议定书〉缔约方大会第十一次会议部长级会议开幕式上的致辞》。

开幕词的时间,可加括号标写在标题下方正中位置。

称谓是对与会者的统称。如果是党的会议,称谓比较简单,就是"同志们"三个字,后加冒号。如果是国际会议,要按照国际惯例来排列顺序,较常见的是:"各位嘉宾,女士们,先生们",后加冒号。

(2) 正文

正文可分为开头、主体、结尾三部分。

① 开头。开头的内容包括以下几项:

宣布大会开幕。最简单的说法是:"××××大会现在开幕。"也可以有些变通的说法或灵活的处理,如:"今天,《维也纳公约》缔约方大会第五次会议和《蒙特利尔议定书》缔约方大会第十一次会议部长级会议在北京隆重开幕,大家聚集一堂,共商保护地球的具体行动,具有十分重要的意义。"

对大会的规模和参加大会人员的身份进行介绍。有些开幕词可以有这项内容,大致说法是:"参加这次大会的代表有×××人,他们分别来自……"。

对大会表示祝贺,对来宾表示欢迎。大致说法是:"我代表×××对大会表示衷心的祝贺!对与会的各位代表和来宾表示热烈的欢迎!"

② 主体。主体是开幕词的核心部分,主要包括以下几个方面的内容:

阐明会议的重要意义。具体涉及:这次会议是在什么形势下召开的,会议将要讨论解决什么问题,这个问题的现实价值如何,有什么迫切性,会议最终将会达到什么目的,等等。

说明会议的主要议程。议程明确的会议,可以将议程直接列项表达,如:"我们这次代表大会的主要议程有三项:(一)审议第十一届中央委员会的报告,确定党为全面开创社会主义现代化建设新局面而奋斗的纲领;(二)审议和通过新的《中国共产党章程》;(三)按照新的党章的规定,选举新的中央委员会、中央顾问委员会和中央纪律检查委员会。"如议程不宜列项,则要对会议将要讨论的主要问题进行阐述。

向与会者提出希望和要求。如:"我们一定要兢兢业业地做好自己的工作,加强同全国各族人民的团结,加强同全世界人民的团结,为把我国建设成为现代化的、高度文明、高度民主的社会主义国家,为反对霸权主义,维护世界和平,推进人类进步事业,而努力奋斗。"

③ 结尾。开幕词一般用祝颂语结束全文,如:"最后,祝大会取得圆满成功。祝各位在北京愉快。谢谢!"

2. 闭幕词的写法

(1) 标题、时间、称谓

闭幕词的标题,跟开幕词的写法类似,常见的写法是《××××大会闭幕词》或《×××在××大会上的闭幕词》。偶尔也有主副标题的写法,将主要内容或主要观点概括成一句话做标题,再用"××大会闭幕词"做副标题。

时间可写在标题之下正中,加括号注明会议闭幕的年、月、日。

称谓一般也跟开幕词相一致。

(2) 正文

① 开头。闭幕词的开头,一般要用简洁的语言,说明大会经过全体代表的努力,已经胜利完成使命,今天就要闭幕了。

② 主体。闭幕词的主体主要是对大会进行概括总结,并提出贯彻大会精神的要求和希望。其中概括总结的部分,要列举会议完成的任务和取得的成果,不能过于空泛笼统。提出要求和希望的部分,也要突出会议精神,体现会议宗旨。

③ 结尾。闭幕词的结尾通常比较简单,最常见的说法是:"现在,我宣布,××××大会闭幕。"

测一测

下面的一篇开幕词存在不准确、不到位的现象,请指出来并修改。

××社区艺术节开幕词

尊敬的各位来宾、各位领导、广大居民同志们:

大家晚上好!

怀着喜悦的心情,我们走进六月,让我们一同走进这金色的季节,阳光在这里孕育,希望在这里生长,今天,我们××街道党委、××街道办事处和××大商集团××超市一起在这里联合举办××街道第五届社区文化艺术节开幕式文艺汇演。

这次活动得到了××大商集团××超市的大力支持和赞助,得到了区委宣传部、区文明办、区民政局等有关领导的支持和关注。对此,我代表××街道党委、××街道办事处向关心这次活动的单位和领导表示最诚挚的谢意!

同志们,我街的社区文化艺术节已连续第五届,我想在各级领导和有关单位的关心支持下,这项活动一定会越办越好、越办越精彩!

今天活动的主要目的在于借助社区文化艺术节这个载体,为我街的专业艺人和业余文艺爱好者提供和搭建展示他们艺术才华的平台,通过这个阵地来强化对社区广大居民群众的政治思想,其最重要的一点就是利用这种形式来丰富社区广大居民群众的业余文化生活,在全街上下形成健康向上、内容丰富、寓教于乐的文化娱乐氛围,努力创建以人为本的和谐社会。

最后,预祝晚会圆满成功!

谢谢大家!

改错:

① _____
② _____
③ _____
④ _____
⑤ _____
⑥ _____

练一练

1. 假设你是班级此次文艺汇演的主持人,请事先写出一篇主持人需要的开幕词和闭幕词,做好主持准备。

2. 请你写出一篇一个男主持和一个女主持配合主持用的合唱比赛的开幕词和闭幕词。

第二十五节　简　报

绿城房地产有限公司员工代表大会圆满落幕了,领导拍拍小明的肩膀,笑着夸奖道:"办得不错,年轻人,前途无量啊!"小明挠着头呵呵傻笑:"还要领导多多指导!""好好工作,哦,这次大会你全程参与了,就做份简报,发给公司各个部门员工吧!"领导说完就走了,小明傻眼了:"简报,什么简报?"虽然不懂,但是领导交办的工作还是要做的,在请教了前辈之后,小明终于知道

了什么是简报,并找来了公司以往的简报,一边自学,一边完成任务。没过几天,一份简报出现在领导的办公桌上。领导拿着简报,乐呵呵地说:"不错嘛,这么快就做好啦!"

 看一看

绿城房地产有限公司工作简报

(第12期)

绿城房地产有限公司企划部办公室编　　　　　　　　　　2019年8月1日

绿城房地产有限公司第八届十次员工代表大会圆满落幕

2019年7月,公司召开了第八届十次员工代表大会,经过全体代表的共同努力,大会圆满完成了各项议程,落下了帷幕。

在本次大会期间,代表们认真听取并审议了刘总经理的工作报告,审议了各职能部门2019—2020年度的工作方案,听取了各公司负责人的述职报告、绩效考核办法和部分员工职务晋升及工资晋升方案,表彰了2019—2020年度优秀员工及先进集体。上述报告和方案通过了大会决议。这次大会让各公司、各部门员工明确了2020—2021年度工作任务,统一了认识,增强了信心,振奋了精神。最后,总经理提出了公司今后的奋斗目标,并对2020—2021年度的工作进行了部署,我们的奋斗目标是鼓舞人心的,我们所面

临的工作任务是十分艰巨的。这次大会自始至终充满了团结、民主的气氛。

报：总经理办公室
送：各部门办公室
发：各部门员工

共印 100 份

学一学

[基础知识]

1. 概念

简报是党政机关、群众团体、企事业等单位编发的用以反映问题、沟通情况、交流信息、报道动态的事务文书，它是机关单位广泛使用的带有新闻性质的内部刊物，也可称作"情况反映""内部参考""快讯""工作动态""信息快报""工作通讯"等。

2. 特点

（1）时效性。讲究时效是简报最重要的特点。报道迅速快捷，使领导和有关部门及时了解动向，掌握情况，以便及时处理解决问题。错过时间编写的简报，就失去了价值。

（2）简明性。这是简报区别于其他报刊的最显著的特点。简报以简洁的文字报道信息动态，内容集中，篇幅短小。简报一般不超过 1000 字，如特殊情况需要，也不要超过 2000 字。

（3）新颖性。简报反映的是新情况、新动向、新问题、新经验，即使是做过的工作，也要立足于新角度，写出新意。内容新是简报的价值所在。

（4）真实性。简报报道的内容必须真实可靠，不得夸大事实或虚造数据。准确真实是简报的关键。

（5）内参性。简报一般只在机关单位内部传阅，不公开发行，特别是涉外机关和专政机关主办的简报更是如此，一般加注"内部刊物，注意保存""内部文件"等字样，有些还加注保密级别。

3. 种类

简报按不同的标准可以分为不同的种类。按时间分，有定期的简报、不定期的简报；按性质分，有工作简报、生产简报、学习简报、会议简报；按内容分，有综合性简报和专题性简报。

4. 简报与通报的区别

两者都要及时、真实地反映内部重要情况，但在目的、用途和表达等方面有较大不同。通报主要针对正反面典型或具有倾向性的情况向内部通报，目的在于教育人们往正面方向发展,一般在叙述情况后要作评价分析;简报报道的情况、信息,主要用于反映问题、交流沟通,为领导提供决策或指导依据,只要求客观报道,不作主观分析、评论。

5. 简报与调查报告的区别

两者都有报告情况、反映问题的作用,都要求用事实说话,但写作目的和侧重点有区别。调查报告是通过深入全面的调查,获得对事实的系统性把握,在对事实概括分析的基础上,提出问题和决策,形成观点,得出规律性认识,要求理论和实际结合,材料和观点统一;简报注重对事实进行简要快速的反映,以达到传递信息、交流情况的目的,很少有理论性分析。

[写法指南]

简报一般由报头、报核、报尾三部分组成。

1. 报头

报头在第一页上方,约占全页三分之一左右,下边用间隔红线与报体部分隔开。报头主要内容包括简报名称、期数、编印单位、编印日期、密级、编号。

(1) 简报名称。即"刊头",居中位置,用套红大号字体,如"××简报"或"科技动态""××市教育局信息"等。如有特殊内容而又不必另出一期简报时,就在名称或期数下面注明"增刊"字样。

(2) 期数。写在简报名称的正下方,注明"第×期",用括号括入,可以按年度编号,也可统一编号。

(3) 编发单位。位于间隔红线左上方,写上编发简报单位或部门的全称。

(4) 印发日期。位于间隔红线右上方,写印发简报的年、月、日。

(5) 密级。写在报头左上角位置,用黑体字注明密级或"内部文件,请勿翻印"或"内部资料,注意保存"等字样。

(6) 编号。写在报头右上角位置,写明文件的实际份数序号,如"0001"。

2. 报核

报核的主要内容包括按语、标题、正文等。报核部分位于报头与报尾之间,即报头横线之下、报尾横线之上的所有内容。

(1) 按语。重要的简报常加上"编者按",主要说明编发的目的,提示稿件内容,表明编者的态度等。

(2) 标题。简报的标题形式灵活,但要准确、简洁、醒目,有吸引力。

(3) 正文。一般包括前言、主体、结尾三部分。

前言即简报的开头,概括简报的主要内容,或交代事件、地点、事件、任务、原因与结果,给人留下总体印象,通常采用叙述式、提问式、结论式写法。

主体是简报的核心内容,承接前言,引用有说服力的典型材料展开具体内容。

结尾一般概括主题或对全文作小结,或指出不足及存在问题,或提出希望及以后的打算。也可根据实际情况略去结尾。

3. 报尾

报尾位于简报最后一页底部,用间隔线与报核隔开,在横线左下方写明发送范围,依次写明发报上级单位、发送相关单位、下发隶属部门的名称。如:

报:中共××省委"保先"教育领导小组办公室;

送:中共××省委高校工作委员会、××省教育厅;

发:校党委各部门、各院(系)党总支、直属党支部。

注明报、送、发单位,可以避免漏报漏送漏发,也有利于存档备查。再用间隔线隔开,并在横线右下方注明印发分数。

测一测

1. 以下为某镇所出简报,请找出其中的逻辑、语法错误及错别字。

×××镇召开2018年终工作总结暨表彰大会简报

元月15日,我镇在镇报告厅召开2018年年终工作总结暨表彰大会,参加会议的有镇全体工作人员。镇党委书记占胜作了2018年工作报告。他指出:2018年我镇在各方面取得了出人意料的成绩,特别是农业突破历史;牧业上,虽然今年全镇受灾严重,但镇党委、政府的带领下,干部职工奋不顾身,把损失降到最低。"3.14"事件发生后,我镇快速召开镇党政联席会议,传达上级有关精神,结合我镇实际,安排部署维稳工作,确保我镇经济社会安定有序。会议充分回顾总结了2018年各项工作,并给予颁发先进集体和个人奖项。在农牧民群众欢快的舞姿和优美的歌声中,我镇年终工作总结暨表彰大会圆满结束。

2. 指出下列简报的不妥之处并改正。

思想大讨论简报

在开展师德师风整训活动中,××中心学校注重组织教师开展思想大讨论。学习讨论中,教职工积极参与,热情很高,人人有学习笔记,有心得体会。通过学习讨论,大家达成了共识:

1. 师德师风的学习和建设对教育事业的发展意义重大,有利于进一步推进教育现代化,有利于实施素质教育,有利于树立教育的良好形象,特别是对当前推进新课程改革更具有现实意义。我们要实现"办人民满意教育"的目标,需要有良好的师德师风作保障。

2. 爱岗敬业、教书育人是师德的具体体现。要热爱教育事业,热爱自己的本职工作。既然选择了教育事业,就要无怨无悔,不计名利,尽自己的最大努力完成每一项教学工作。

3. 爱心是师德素养的重要表现，崇高的师爱表现为对学生一视同仁，不厚此薄彼。教师对学生的爱不仅是一种高尚的道德情感，而且是一种强大的教育力量。很多老年教师在总结自己教育生涯时指出，没有爱就没有教育，把爱心和奉献熔铸在工作中是我们事业取得成功的关键。

4. 与时俱进、开拓创新、积极进取是师德师风的时代内涵。教育的发展向教师提出了更高的需求，因此，我们要不断提高自身素养，不断完善自我。新时期的教师不是燃烧的蜡烛，要与时俱进，孜孜不倦地学习，积极进取，探索教育的新方式，开辟新教法，与学生共同发展。

5. 师德师风还体现在教师勇于以身作则、树立典范方面。教师的言行对学生的思想、行为和品质具有潜移默化的影响，教师的一言一行、一举一动，都是学生喜欢模仿的对象。"己所不欲，勿施于人"，"己欲立而立人，己欲达而达人"，严于律己，以身作则，才能使学生心服口服，才能赢得人民群众的信任和支持。许多教师自觉地反省了工作中的"忌语"，表示要把忌语改为寄语，不搞有偿服务，增强服务意识，淡化权威观念，真正树立起教师高尚、文明的自身形象。

送：×××中心学校
发：××中心学校各年级组
报：××市教育局办公室

练一练

为你校新近开展的某项活动编写一份简报。

第二十六节　调查报告

这天，领导布置了一项新的任务给小明：因为经济不景气，最近房子的销售业绩不是很好，新的一批学子又要从大学里毕业了，毕业后就是找工作，然后结婚，肯定对房子有所需求。领导布置小明这一组对毕业生在买房上的想法进行调查，对他们在购房能力、需求等方面进行详细深入的了解，然后写一份调查报告，以便针对这些大学毕业生制定出相应的优惠政策。小明带着本组人马，说干就干，设计调查问卷，深入市场学校，经过几个月的努力，一份详尽的市场调查报告出炉了。

 看一看

关于大学生未来购房需求调查报告

企划部 C 组

一、调查背景

近十年来,中国房地产市场呈现出异常火暴的形势,房价持续上涨,尽管国家进行了宏观调控并采取了相应的措施,但是居高不下的房价还是给人们带来了许多的压力。

从我们收集的资料来看,中国的房地产市场似乎在最近几个季度呈现出"泡沫化"的特征。统计局数据显示,20××年年底70个大中城市新建商品住宅均价比一年前涨了9%,全年平均比上一年上涨1.2%。自国家实行宏观调控后,房价呈现出一种平稳观望的态势,就20××年而言,各项数据有所下降。各项"公租房""廉租房"政策的出现,也在一定范围内有助于解决部分房价问题。但是住房问题仍然是老百姓密切关注的民生问题。

我们都知道,人生活在社会之中,始终是需要住房的,房屋对于人们来说是一种刚性需求。所以,尽管房价已经达到了一种让人难以承受的程度,但我们还是会想方设法买到属于自己的房子的。而对于当代大学生来说,购房无疑是一个相当严峻的问题。首先一个问题是经济方面,刚毕业的大学生,没有什么积蓄,工资也不高;另一个问题是居高不下的房价,实在是让我们喘不过气来。

二、调查对象

近几年毕业的各大高校学生。

三、调查方式

将问卷上传到一些比较好的网络调查网站以及投放到一些大学的网站,然后定期对问卷进行回收、整理,进行相关分析。

本次调查选择了问卷式的网络方式,共发放问卷50份,回收有效问卷42份,回收率84%。其中被调查者男女比例约为1∶1。

四、调查分析

1. 半数以上考虑将来买房

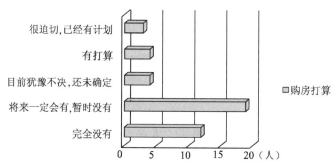

调查显示,45%的被调查大学生暂时还没有购房打算,但相信以后一定会有;28%目前没有任何购房打算;27%现在已经有打算购置房子;少数人目前处于犹豫不决之中;还有少数购房意愿很迫切,且已有计划。现在大多数大学生居住在大学宿舍中,还没有必要为购房担心。他们应该把精力放在学习上,趁现在努力充实自己,以后购房才有一定的基础与后盾。

2. 大部分人对未来充满希望

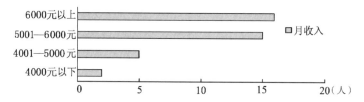

调查显示,所有被调查者预计自己毕业后月薪在4000元以上,将近半数的人认为毕业后的月薪可达到6000元以上,剩下的也觉得毕业之后工资不会太低。可见大部分大学生的心态是积极乐观的,对未来是充满信心和希望的。这就为购买自己理想的房子打下了基础。

3. 理性购房:工作稳定后再购房

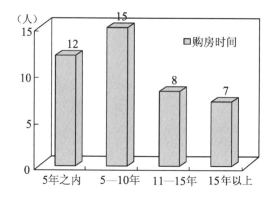

调查显示,35%的被调查者预计在工作后5—10年可以实现自己购房的意愿;29%预计5年以内,19%预计11—15年,17%预计15年以上。多数大学生还是比较理性,他们偏向于先奋斗数年,有了一定的储蓄后再考虑购房,而不是盲目地选择毕业后就购房。

4. 购房打算与未来工作和家庭密切相关

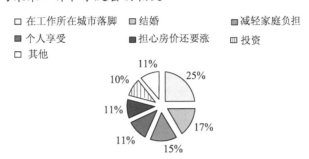

调查显示,一半以上的被调查者的购房打算主要源于对未来工作所在城市的考虑,25%的出于未来安家的因素,这些因素都是与未来的工作所在地和未来的家庭密不可分的。当然,少许人觉得买房子是人生所必需的。

5. 近半数选择工作地购房

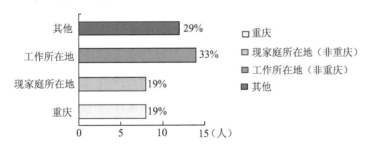

调查显示,33%的被调查者首选购房地为工作所在地,19%为重庆,29%为其他,19%为现家庭所在地。从调查中可知,相当一部分大学生并不打算毕业后即留在重庆工作,也没有回家乡工作的打算,他们选择到自己喜欢的城市工作,并打算在那里置业。大约四分之一的被调查者选择在重庆购房,重庆房价相比于北京、上海等一线城市还比较趋于理性,且大学毕业后很多同学都积累了一定的人脉,无论对购房还是工作都是不错的选择。有少数同学选择回到家乡工作。说明大多数同学不愿意依赖父母,而是更倾向于独立。

6. 基本上都倾向于购买宽松舒适的房子

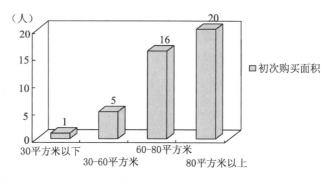

调查显示,出于对各方面因素的考虑,仅有12%的人选择了购买30至60平方米的房子,将近一半的人选择了购买80平方米以上的房子。这表明大部分人还是比较喜欢住宽松舒适的房子的。尽管对于某些人来说,这个目标比较遥远,但是他们会通过自己的不懈努力,追求自己的梦想。可见舒适宽敞的房子将会备受人们的青睐。

7. 大学生偏爱新房

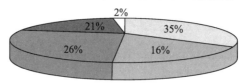

调查显示,35%的同学选择新建成的房子,26%选择普通住宅,21%选择高尚住宅,只有个别选择二手住房以及别墅。大多数同学偏向于购置新房,而不愿意购置二手房。由于被调查者普遍为90后或者是接近90,这是追求个性与舒适的一代,他们更倾向于追求"新"。同时也可看到他们对未来的置业仍缺乏理性认识,个人应根据实际情况来购房,不应该一味地追求新房。

8. 难以一次性付清房款

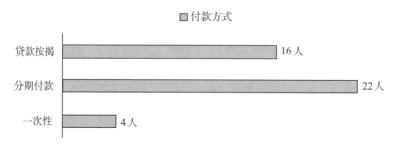

调查显示,仅有9.5%的人选择了一次性付清房款,对于大学生来说,刚毕业本就没什么钱财,如想一次性付清房款,唯有两条路:一是父母或者其他人出资,二是工作时间

久了自己存够了钱。所以,大部分人还是选择了分期付款以及贷款按揭的方式,这对于大部分大学生来说,无疑是很好的选择。而目前,选择这两种方式来付清房款的人也比比皆是,毕竟一套房子的价格不是一般人能够承受的。

9. 交通因素居首位

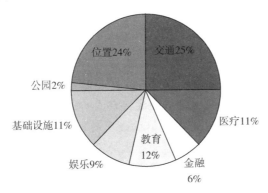

调查显示,在购买房屋的参考因素中,25%同学选择了交通,24%位置,11%基础设施,12%教育,2%公园,11%医疗,9%娱乐,6%金融。建议开发商在开发楼盘时应把交通位置因素居于首位,楼盘拥有方便快捷的交通无疑会吸引更多的购房者,完善的基础设施也是成功楼盘不可或缺的,舒适的购物、健身等场所让居住者拥有高质量的生活。开发商也可考虑与一些学校合作,让学校进驻楼盘,这无疑也是吸引购买者的营销手段。

10. 首付方式多样

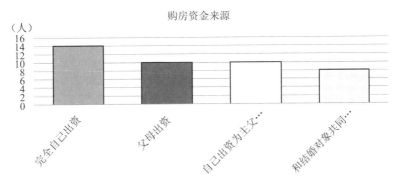

调查显示,29%的受调查者表示完全由自己出资购房,23%的人表示由父母出资,22%的人表示自己出资为主,父母赞助一部分,26%的人希望和结婚对象共同承担。首付形式多样,不同的人根据自己的境况和能力选择适合自己的方式付首付。

11. 大部分不愿先租房后购房

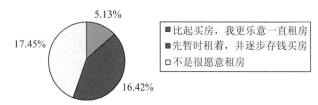

调查显示,42%的同学选择先暂时租房,再逐渐存钱买房,45%的同学不是很愿意租房,只有13%的同学愿意一直租房。毕业后没有积蓄且工资又低,大多数大学生不得不选择租房来解决住宿问题。但这只是一种过渡形式,他们的最终目标还是拥有一套自己的房子。一直租房在中国传统观念中是不被接受的,中国人更倾向于安逸稳定,不习惯于四处漂泊的生活。这些也同样扎根于大学生的观念之中。

12. 相当一部分人认为政府对房价有控制作用

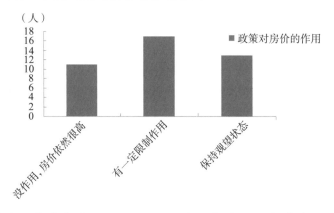

出于对房地产经营泡沫的认识,以及国民收入水平跟不上房价上涨的幅度这一现实,政府采取了一系列拯救房市的政策,这在大家眼里还是收到了一定的成效的,但是30%的人对于政府的宏观调控能否起作用持观望态度,各地的成交量较前几年而言,虽然有明显的下滑趋势,但房地产是否会触底反弹,大家都不确定。

13. 网络成为获取房地产信息的主要来源

随着网络的不断发展,越来越多的大学生正在利用网路途径获取信息,在调查者中,34%的人表示从网络了解到房地产信息,与以前报纸(18%)、展销会(17%)、电视(10%)等传统宣传方式比较而言,网络已成为80后、90后获得信息的主要方式。

总结:

大学生虽然目前还处于学习阶段,并没有直接的经济来源,可是在不久的将来,这些大学生毕业后,他们对于房地产的态度将直接的影响到房地产经济的需求,同时将对房地产的走势造成不小的影响。

调查的过程中发现,许多大学生虽然还未毕业,但是"房价"问题已经和他们离得很近,房地产的经营和泡沫也已经成为大学生们平时讨论的话题。我们这次调查的重点主要集中在大学生会在何处买房、买那种类型的房子、买房时所考虑的因素和未来购房资金的来源等问题上。这些都是决定未来大学生购房的主要因素。通过这次调查,我们看到现在的大学生都对自己未来的购房有着初步的计划。从调查中我们看到,有很大一部分学生的家不在重庆,他们对自己未来的工资要求相对比较高,这些都说明在房价持续走高的情况下,大家对将来就业的期待值较高。我们同时也看到,35%以上的大学生更愿意购买新建成的住房,但是随着房价的节节高升,对于一些二手房,大学生持不反对的态度,这给开发商带来不小的提示作用。

在买房的区域性问题上,有将近一半的大学生将来会选择在自己所工作的城市购房,并且会在5—10年实现自己的购房计划。而对于最主要的资金这一块,我们看到大学生们似乎各有看法,虽然比重最多的是自己出资买房,但是和结婚对象共同分担、自己出一部分家里再资助一部分的人也不在少数。

在对购房因素的选择时,我们看到交通因素是居于首位的。这说明随着现代社会生活节奏的不断加快,人们越来越注重交通环境对工作的影响。随后的基础设施、教育和所处的位置都对人们的购房选择有着重要的影响。

在最后一个问题中,我们看到有一半以上的人都愿意选择在没有购房之前先租房。这也体现当下大学生的一种思想,就是在房价还没有真正让人满意之前,大家还是更愿意选择用租房来解决当下的住房问题。

对于购房这个问题,也许我们做的这个调查只是其中的一个方面,这个方面也许不能全面地说明整个房地产的发展方向,但是我们希望这一次专门针对大学生未来购房的调查能对房地产的发展有一定的借鉴作用。

学一学

[基础知识]

1. 概念

调查报告是对某一事件或问题进行调查研究后写成的书面报告。调查报告也称为"调查分析""调查汇报"等。调查研究不仅能反映情况、总结经验、揭示问题,使人们提高认识,还能为领导机关制定政策、措施提供依据。"没有调查就没有发言权",调查是基础和前提。报告是调查的目的,是调查成果的反映。没有调查的报告是空洞的报告,而不写成报告的调查是徒劳无益的。撰写调查报告包含"系统周密的调查""客观深入的研究""准确完善的表达"三个重要环节。

2. 特点

（1）真实性。客观事实是调查报告赖以生存的基础，真实性是调查报告的生命线。调查报告的材料必须全部真实，只有这样，才能从中推出正确的结论，找到问题的症结所在，才能找到符合客观事实的具有指导意义的规律。

（2）针对性。调查报告的目的是为方针、政策的制定提供依据，为解决迫切需要解决的问题而写的，因此它具有很强的针对性，并且针对性越强，其解决问题的实效性就越大。

（3）典型性。写调查报告时调查的对象必须典型，所运用的材料要具有典型意义，所得出的结论和规律必须具有普遍性意义，而不是个别现象和特殊案例，更不能以偏概全。只有这样，才有较强的说服力，才具有现实意义和对工作的普遍性指导意义。

（4）注重揭示事物的本质规律。调查报告不但要叙述事实，更重要的是要对事实材料进行分析、探索、研究，揭示事物的本质，阐明规律，最后作出结论，便于进一步指导、推动现实工作。能否揭示反映事物的发展规律，是衡量一份调查报告好坏的基本标准。这也决定了它在写作上主要采用运用夹叙夹议、叙议结合的表达方式。

3. 种类

按内容分，可分成综合性调查报告与专题性调查报告。按性质分，可分为总结经验的调查报告、揭露问题的调查报告、反映情况的调查报告、研究问题的调查报告、澄清事实的调查报告等。按作用分，有决策性调查报告、预测性调查报告、追踪性调查报告和反馈性调查报告。

4. 调查报告与工作总结的区别

（1）范围不同。调查报告应用范围广，可涉及现状、历史，反映当前具有一定意义的社会（自然）的现实，揭露问题，评价事物，介绍经验。总结只限于反映本单位、个人已完成的工作、任务及其经验教训，因而它一般都着眼于指导自身今后的实践活动。

（2）写作时限不同。调查报告一般没有具体的工作进程和时间的严格限制，可根据需要进行调查写作；总结受工作进程和时间的限制，一般都是在工作、任务告一段落或全部完成之后写作。

（3）使用人称不同。调查报告往往是上级机关或有关方面的调查组在选点进行调查研究的基础上写成的，一般用第三人称；总结一般使用第一人称。

[写法指南]

调查报告一般由标题、正文、落款三部分组成。

1. 标题

调查报告的标题有单行式标题、双行式标题两类。

（1）单行式标题。可分为两种形式：一种是直接式标题，由调查事由与文种名称构成，如《关于我区下岗职工再就业问题的调查报告》。另一种是间接式标题，标题中不点明文种，只揭示全文主旨，如《××省在改革开放中迅速发展继续教育》。

（2）双行式标题。正标题直接点明主题或结论,副标题说明调查的对象和文种,如《关注大学生的健康消费——当代大学生消费状况调查报告》。

2. 正文

调查报告的正文一般由前言、主体、结尾三部分组成。

（1）前言

调查报告的前言常见的表达方式有以下两种：

① 叙述式。即简要地介绍调查的目的、时间、地点、对象、范围、内容以及调查方法等。

② 议论式。以议论的表达方式点明所要调查的问题有何重要意义,以引起读者的关注。也可以用设问式,以自问自答的方式点出主要内容,以引起读者兴趣。

（2）主体

调查报告的主体,应对调查的情况进行分析,以典型事例和准确数据为依据,或总结工作的成绩、经验,或揭露问题,然后得出调查结论,并提出相应的建议或对策。

主体部分的结构形式主要有以下三种：

① 纵式结构。即按事物的发生、发展、结局的过程来组织材料。这种结构形式适用于内容比较单一的调查报告。

② 并列式结构。即根据调查的内容加以分类,分几个部分来安排结构,每一个部分都有小标题。这种结构形式条理清晰,可突出中心观点,适用于涉及面较大的调查报告。

③ 层进式结构。一般分两个层次写：第一层次是调查结果及分析,将调查的结果分成若干类别,然后运用大量的事实材料和数据统计对各类问题进行有理有据的分析,并运用适当的论证方法加以合乎逻辑的推理分析,得出调查结论,分析问题存在的主要原因是什么。第二个层次是对策和建议,即针对存在的问题提出若干条相应的对策或建议。

（3）结尾

调查报告的结尾一般有以下几种方式：

① 概括全文内容,深化中心观点,以加深读者的印象。

② 指出事物的意义,展望发展的前景。

③ 发出号召或指出今后努力的方向,以表态式的句子结束全文。

如果主体部分采用层进式的结构方式,最后一个层次写对策或建议,就可以自然收尾,不必另加结尾。

3. 落款

调查报告的落款方式有两种：一是写在正文结尾的右下方,注明单位名称和作者姓名。二是写在标题下一行居中处。在报刊上发表的调查报告通常采用第二种落款方式。

测一测

分析下面一份调查报告,指出其中的问题。

大学生网络素质现状调查

(2004年4月19日)

近年来,网络剧烈地影响和改变着我们的生活,与"水能载舟,亦能覆舟"一样,利用好网络,我们的生活受益无穷,错用了它也会让我们掉入无底的深渊。在众多网民中,大学生占有很大一部分比例,这高素质的一群,有多少人在利用网络,如何利用网络成为各界关心的问题。就这个问题,本人在班里进行了调查,现报告如下:

1. 七成学生用网络娱乐

据调查结果显示,100%的同学都触过网,这是因为这学期开设了网络课程,大部分同学懂得用QQ聊天,10%的同学不懂得发电子邮件,20%的同学不懂得下载网络程序。

2. 因友而忙

在上网的学生中,90%以上的同学有一个QQ号码,60%的同学有两个或两个以上的QQ号码,40%的学生沉迷于聊天。在网络犯罪的案例中,由QQ引发的事件不少,如与网友见面被骗东西、被伤害甚至被杀害。

3. 因坛而坠

论坛,也称BBS,在里面"灌水"也是不少学生网民的喜爱,班里85%的同学上过论坛,70%以上的学生在论坛上乱发帖子,10%以上的学生在论坛上有过不文明行为。

4. 因戏而废

网络游戏是不少学生的宠物。调查表明,90%的同学玩过网络游戏,其中85%是男生,5%是女生,30%的学生沉迷于玩CS之类的网络游戏,班上虽没有因为网络游戏而旷课的同学,但社会其他一些地方,很多学生因为玩网络游戏旷课太多而导致多门功课不及格,面临退学的危险。

5. 因网影响健康

60%以上的同学有过通宵上网的情况,40%是经常在周末通宵上网,20%偶尔通宵上网。通宵上网有为了看电影的,占45%,有55%的同学是玩游戏积分。通宵上网导致食欲下降,身体免疫力下降,情感冷漠,心理活动异常,感知、记忆、思维、言语等各种反应能力显著下降等问题。

以上调查表明,大学生对网络认识有偏差,主要是因为大学生上网多在课余时间,放下繁重的课程,上网时便希望能放松,而不是再学习。在没有人正确引导下,聊天、游戏等易学、大众化的消遣性娱乐自然成了大学生们的最爱。

在调查中了解到,40%的学生认为上网是因为学校的课外活动过于单调,一些娱乐只能通过网络实现。此外,多所大学的网上教程一个月难得更新一次,因而谈不上让学生们利用校园网进行学习。

其实网络可以用得很精彩,不少世界顶尖的高手都来自于在校的大学生。利用网络可以帮助自己查找各种学习资料,提高学习效率和学习深度、广度;可以找到各种实践、兼职、打工、招聘的信息,为自己前途找到好的信息渠道;网络可以认识更多志同道合、积极发展的社会各界朋友;利用网络写稿不仅能养活自己,结交优秀的编辑记者们,积累社会关系,开阔视野,也能培养综合能力。网络的好处无处不在。

互联网功过皆有,但作为知识含量高、素质好的大学生群体,更应在网络中学会取其精华,去其糟粕,将网络中有用的部分变为自己的财富。大学生运用网络可以很精彩。

练一练

1. 选择题(可单选或多选)
(1) 市场调查报告的基本情况部分可以用(　　)说明。
A. 文字　　　B. 图表　　　C. 数字　　　D. 夸张
(2) 市场调查报告的标题应做到(　　)
A. 准确　　　B. 简洁　　　C. 平实　　　D. 醒目
(3) 市场调查报告的内容要素包括(　　)
A. 标题　　　B. 基本情况　　C. 分析与结论　　D. 措施与建议
(4) 市场调查的基本方法有(　　)
A. 普查　　　B. 抽样调查　　C. 典型调查　　　D. 重点调查
(5) 下列不属于产品调查的内容是(　　)
A. 产品本身的质量　　　　　B. 在消费者中的信誉
C. 产品的商标、包装　　　　D. 产品的总值净增量
(6) 对消费者数量及购买力、购买欲望、潜在需求量、消费者的支出比重及变化趋势等的调查称为(　　)
A. 市场基本状况调查　　　　B. 消费者及消费行为调查
C. 市场商品需求调查　　　　D. 销售情况调查

2. 判断题(错的划"×",对的划"√")
1. 市场调查报告只写明调查到的情况和数据即可。(　　)
2. 调查调查报告可以用提问的方式写标题。(　　)
3. 市场调查报告不用写明结论。(　　)
4. 市场调查报告的标题应概括全文的基本内容。(　　)

5. 市场调查报告主要是陈述市场情况,因此其表达方式主要是叙述。(　　)

第二十七节　述职报告

"小明,在干吗啦,快来吃饭。"妈妈看到儿子工作后非但没轻松,反而更忙了,非常心疼,特别是当上组长后,有时候加班到很晚,虽然儿子让自己骄傲,但身体累垮了可怎么是好?

"妈,别担心,等忙完这阵,我就有点闲暇时间了。"看到妈妈担心的目光,小明连忙安慰道。"还要忙啊?""对,最近要述职了,我再整理下自己的个人材料,顺便把刚接手的新任务迅速落实一下。""这个很重要吗? 不能慢慢来啊?""述职要把我今年所做的工作总结一下,拖不下来。"看着儿子边吃饭边思考的神情,妈妈不再说了,支持儿子远比一切重要。

午夜两点了,小明房间的灯还亮着,妈妈拿着一杯热牛奶给儿子送去,发现儿子已趴在桌上睡着了。妈妈取来衣服,轻轻地给儿子披上,轻轻地关上灯,轻轻地合上门,月亮也很知趣地隐去了它的光辉,这一夜一切静悄悄的。

 看一看

企划部组长述职报告

尊敬的各位领导,各位同事:

你们好!

时间过得真快,成为绿城的一份子已有一年半时间了,感谢公司、刘总、王主任一直以来对我的栽培、指导和提拔。今年8月,我晋升为企划部C组组长,我非常珍惜公司给我的学习机会和成长、发挥的平台,也不负公司对我的期望,这段时间里,我对工作尽心尽力。为了更好地完成工作,总结经验,扬长避短,现将过去的2019年岗位工作汇报如下:

一、思想汇报

2019年我真正走上了本部门工作的最前沿,我通常会从两个角度去把握并加强自己的思想脉络。

首先是心态,"态度决定一切",有了正确的态度,才能运用正确的方法,找到正确的方向,进而取得正确的结果。

其次是能力,包括本职工作能力、自信力、协助能力、承担责任能力以及发展潜力等,都是直接决定工作的生命力。一个在事业上成功的人，必是两种能力能够很好地协调发展和运作的人。

我对工作的态度就是尽自己最大的努力，我一直认为工作不应该是一种任务或者负担，应该是一种乐趣，是一种享受，这样才能懂得如何成功！

二、工作岗位职能汇报

我所工作的企划部作为公司的宣传部门，是公司品牌建立和发展运作的形象窗口之一。对外宣传的每一份广告资料都代表着公司的形象；对内做好企业文化和视觉识别系统的无形服务也至关重要。所以，在实际工作中，我时时严格要求自己，做到谨小慎微。在公司领导的正确引导、部门同仁的配合下，我的工作能力有了很大的提高，方向明确，态度端正，从而为我以后的工作发展打下了良好的基础。

过去一年工作取得的进展：活动推广方面，我认真有效地完成了相关的对外报纸广告、宣传单传、杂志版面广告、户外广告、氛围布置等工作，对内做好各部门下单设计制作工作，严格遵守服务行业视觉 VI 系统的操作规范。

作为一名企划管理人员，永无止境地更新专业知识和提高个人素质以及审美观是必需的。为达到这一要求，我十分注重学习。工作之余，我利用一切可利用的时间来学习。另外，我觉得公司的每位同事都是我的老师，每一个人都有自己的优势，只有不断地向他人探讨求教，工作才能做好，才能有所提高。

在这个职位上，我配合公司各兄弟部门完成了上级下达的各项任务，与同事的相处时，做到真诚相待，互帮互学。

三、自我总结

这一年的工作中我接触到了许多新的事物，学习到了许多新知识、新经验，感到自己在思想认识和工作能力上有了新的提高和进一步的完善。当然，有收获也有不足，如在管理跟执行的角色中无法把握好平衡，经常会陷入项目的实际操作中而忽略对整体的把握力度。2020 年是希望的一年，有新的气象也有新的挑战，我要以新的面孔，采取更积极主动的态度迎接新的挑战，用更大的努力在岗位上为公司做出更多贡献。

以上是我的述职报告。谢谢各位领导的垂听，欢迎指正！

企划部：小明
2019 年 12 月 28 日

学一学

[基础知识]

述职报告是领导干部、公务员、专业技术人员和生产经营管理人员等向上级机关、所在单位的组织人事部门和干部群众陈述自己在某一时期内完成工作、履行职责情况的一种文书。

述职报告是管理和考核干部的重要方式之一。对于相关工作人员来说，撰写述职报告，可对自己的任职情况加以回顾和反思，有利于自审和提高，也有利于改进工作；对于一个单位或部门来说，要求领导干部提出述职报告，利于考核干部，也便于群众民主监督。

述职报告具有个人性、真实性、通俗性。

根据不同标准，述职报告有不同的分类：按内容分，有综合性述职报告、专题性述职报告。按时间分，有任期述职报告、年度述职报告、临时述职报告。按报告主体分，有集体述职报告、个人述职报告。

[写法指南]

述职报告一般是由标题、称谓、正文、署名几个部分构成的。

1. 标题

述职报告的标题有这样几种：只写文种"述职报告"；由任职时间、述职者职务和文种组成，如"20××年×公司总经理的述职报告"；由时间和文种组成，如"20××年述职报告"；由职务和文种组成，如"××中学校长的述职报告"；采用双标题，正标题标明述职报告的主旨，副标题补充说明述职者的职务、述职报告的时间、文种等。

2. 称谓

述职报告的称谓，一般只要写明报告对象或主送机关，如"各位领导，同志们""××组织人事部""××董事会"。

3. 正文

正文一般由开头、主体和结尾三部分组成。

（1）开头。写任职的情况，包括任何职务、任职时间、岗位目标和自我评价等。要写得集中概括、简明扼要。

（2）主体。这是述职报告的核心部分，主要报告履行职责的具体情况，一般包括：任职期间所做的主要工作，取得的主要成绩；存在的问题、缺点；个人的认识和体会，主要经验、教训；今后的工作设想。

（3）结尾。主要写以后的打算和决心等。

4. 署名

在正文右下方写明述职人的职务、姓名。如果标题中已出现，此处可以省略。署名下面写日期。

 测一测

1. 请指出这篇述职报告的错误之处，并加以修改。

述 职 报 告

各位领导、老师,亲爱的同学们:

  大家好!

  本学期远程教学部学生会已基本步入正轨。在总结过去一个学期的工作经验的基础上,在全体委员干事的共同努力下,学生会围绕远程教学部中心工作,开展了一系列丰富多彩的校园活动。作为学生会主席,我将这学期的工作总结如下:

  一、各项工作条理化、档案化、制度化。

  二、响应号召,不断学习。

  三、多元化的分支组织。

  四、扬远程特色,举"开拓"大旗。

  五、注重活动的学术化。

  六、积极组织开展社会实践。

  一分耕耘,一分收获。在日常的管理中,我虽然做出了一点点成绩,但随着对学生会管理人员的要求越来越高,我感到差距还很大。只有通过不停地学习、总结、提高,才能适应。我愿用全部的精力投入到学生会的发展中去,为我们辉煌明天贡献出自己的全部力量。

  改错:

  ① _____

  ② _____

  2. 下面是一篇述职报告,请指出它的错误之处,并加以修改。

述 职 报 告

各位领导同志们:

  我叫×××,今年24岁,2019年7月毕业于长春大学公文系。根据我所学专业的特点,到社区工作是最佳的选择,可以说到社区工作也是我的美好愿望。

  党的十七大以后,各级政府非常重视社区工作,把社区工作放在建设和谐社会的窗口,因为社区建设是城市和谐建设的基础,是街道与居民百姓联系、沟通的纽带和桥梁,也是最能体现街道对百姓关心、关爱和关怀的焦点,所以我热爱这项神圣而又光荣的工作。

  如果我能有幸得到各位领导的信任和厚爱,担任这项工作,我一定不辜负大家的期望,我当竭力地把社区这项工作干好、干实、干出成绩来。在实际工作中,服从领导、团结同志、爱岗敬业、锐意进取,把党和政府的关怀和温暖送到社区百姓心里和急需上,充分发挥自己的光和热,全心全意为社区群众服务。力争做一名让党和政府放心、让百姓知心的合格的社区工作者,为构建和谐街道文明社区添砖加瓦。

以上是我对社区工作的认识、理解和想参加社区工作的理想和心愿,渴望各位领导和同志们能满足我的心愿。

述职人:×××

2021 年 7 月 6 日

改错:

① _____
② _____
③ _____
④ _____
⑤ _____

练一练

1. 假设你已经历任校学生会干部一年的时间,年终到了,请你写一篇相关的述职报告。

2. 假设你是班级的团支部书记,请你就这一学期的工作写一篇述职报告。

第二十八节 辞职信

"小明,你想好了,真的想辞职?""嗯,经理,我想趁年轻自己闯闯。""那好吧,真的很遗憾,我们公司留不住你,是我们的损失啊!"……

走出公司大门,小明舒了一口气,这个工作了三年的地方,还是让他留恋的,同事间的合作,领导的关心,工作的挑战,这些都深深地印在了他的脑海里,如果不是前段时间同学邀请他一起创业,他真的没考虑过辞职。

"小明,在这个单位你不是工作得很好嘛,待遇也不错,真的要辞职吗?"父母的不理解也曾经让他打过退堂鼓,但考虑了几个星期之久,小明还是咬咬牙,花心思写了这封辞职信,将自己的真心感受融入其中。虽然有不舍,但男子汉就是要敢闯,趁年轻努力开拓出属于自己的一片天空。

"小明,你行的!"小明立即拨下同学的号码,把这个好消息告诉他,前路虽然还很漫长,但是小明已经做好了准备,这个好男儿即将又一次踏上挑战的征途。

 看一看

辞 职 信

尊敬的领导：

我很遗憾自己在这个时候向公司正式提出辞职申请。

来到公司已经快三年了，在这近三年里，我得到了公司各位同事的多方帮助，非常感谢公司各位同事。在这里，我有过欢笑，也有过泪水，更有过收获。公司平等的人际关系和开明的工作作风，一度让我有着找到了依靠的感觉，在这里我能开心地工作，开心地学习。

但是最近我感觉到自己不适合做这份工作，同时也想换一下环境。我也很清楚这时候向公司辞职于公司于自己都是一个考验，公司正值用人之际，新的项目正在启动，所有的后续工作都在一步步推进。但也正是考虑到公司这个项目今后的安排，本着对公司负责的态度，为了不让公司因我而造成决策失误，我郑重向公司提出辞职。

我考虑在此辞呈递交之后的2—4周内离开公司，这样您将有时间去寻找适合人选来填补因我离职而造成的空缺，同时我也能够协助您对新人进行入职培训，使他尽快熟悉工作。

能为公司效力的日子不多了，我一定会站好自己最后一班岗，做好交接工作，尽力让项目做到平衡过渡。离开公司，离开曾经同甘共苦的同事，我很舍不得，舍不得领导们的谆谆教诲，舍不得同事之间的那片真诚和友善。

短短的三年时间，我们公司已经发生了巨大可喜的变化，我很遗憾不能为公司辉煌的明天贡献自己的力量。我只有衷心祝愿公司的业绩一路飙升，公司领导及各位同事工作顺利！

此致
敬礼！

辞职人：小明
2019年7月18日

 学一学

[基础知识]

辞职信，也叫辞职书或辞呈，是辞职者辞退在原工作单位所担任的职务和工作时写的书信。一般在打算离开前一个月提出申请。

辞职信具有含蓄性和简洁性的特点。

［写法指南］

辞职信一般包括标题、称呼、正文和落款四个部分。

1. 标题

首行正中写"辞职信"三个字，字体略大于正文，也有的不写标题，直接从称呼开始，类似一般的书信。

2. 称呼

标题下一行顶格写本单位人事主管部门领导的名字，或者本部门直接主管领导的名字。

3. 正文

正文一般分成以下三个部分来写：

首先要直接表明辞职的意图，说明辞职的原因。其次要说明个人打算离开的时间。一般提前2—4周或根据企业规定时间提出辞职。最后对过去接受的培训、取得的经验或者建立的关系向单位、向上级表示感谢，这样有助于保持良好的人际关系，有利于下一步的发展。

4. 落款

正文右下角署上辞职者的名字，下一行写上具体的时间。

写辞职书应注意以下问题：

一是理由要充分、可信。写辞职书，一定要充分考虑辞职的理由是否充分、可信，因为只有理由充分、可信，才能得到批准。但陈述理由的文字应扼要，不必展开。

二是措辞要委婉、恳切。用委婉、恳切的言词来表明辞职的诚意。

测一测

请大家欣赏最近比较受关注的一封80后写的辞职信，欣赏完之后请指出它的不当和错误之处。

辞 职 信

某某物业红丰家园管理处：

李云舟者，蜀中高隐，川北野儒也！浪迹江南，栖滞湖州。虽有经天纬地之才，而奈时遇不济，命运多舛，冯唐亦老，李广难封，屈贾谊于长沙，窜梁鸿于海虚；心比天高，身为下贱！自是口吐珠玑，腹罗锦绣，虽无徐孺来下陈蕃之榻，却有文光可射斗牛之虚也！文采风流已临精神世界之绝顶层巅；会当临绝顶，一览众山小，古今才大难为用。文章增命达,魑魅喜人过。吾如屈子之忧时伤世,离骚九歌,离风飘零!世人瞀瞀盲盲,徒留汨罗之憾也;更加深陈老杜,胸怀尧天舜日之志,指奸斥佞,与世不偕,直落得身世浮沉,屑小共怒。可堪千古一慨!

吾之品格精神,如临风之玉树,又如当空之明月浩然,怎堪与俗流共舞哉!可叹屈身于湖州某某物业,为一小小秧护员。诚如伏枥之骥,纵有千里之志,而奈缚手缚脚,无所可为,混迹于碌碌无为中矣!鉴于此,特向公司主管大人先生们引咎请辞!从此踏破樊笼飞彩凤,顿开铁锁走蛟龙。好比那万里白鸥,驰骋于浩荡云海之间,谁复可训也!

即此　以致。

改错:

① _____
② _____
③ _____
④ _____
⑤ _____

2. 请分析下面一封辞职信的不当之处,加以修改。

辞 职 信

尊敬的×总:

您好!

屈指算来,我到公司已有×个月了,这×个月里,虽然我的工作并不是尽善尽美,但在公司同事们的帮扶、辅佐尤其是您的信任与支持下,我也要求自己尽心尽职,每一项工作都用了自己十二分的努力去对待。平心而论,领导青睐器重,同事齐心融洽,这真的是我工作以来所遇到最好的工作环境。

但犹豫再三,我还是写了这封信。

我要离开公司了!

虽然我心里也真的不愿意,但我不得不这样选择。

您知道虽然我是个女孩,但我并不是个怕吃苦的人。而让我感到难堪的是,身体不好,居然成了我这次离开公司的理由。虽然我的毛病不是什么大问题,但医生一再叮嘱要我好好静养,却令我不得不认真对待。您知道,对于一个女孩来说,一份好的工作固然重要,但一个健康的身体却是一切的根本。

我是一个理智而现实的人,虽然事业上的进步也是我的梦想,但我不敢去拼什么青春。健康对我来说,真的比什么都要重要。以我现在的身体状况,已经不能再胜任您交给我的工作,所以我不想为难自己,更不愿让您及公司为难,我必须要离开了。我真的需要休息一段时间,我不想自己这样的年龄就有着这样或那样的隐疾。尽管我知道这样的理由在别人看来并不算什么,但对我来说它真的很重要,这点还希望您理解与谅解。

加入公司以来,您对我的器重与信任,令我非常感动,也成为激励我努力工作的动力。在您及同事们的热心指导与悉心帮助下,我个人无论是业务素养的提高,还是社会阅历的丰富都是非常明显的。我常想,自己应该用一颗感恩的心,去回报您及公司对我的厚爱,真的想用自己的努力去做好您交给的每一份工作任务,但自己的能力真的很有限,不一定做得都能让你满意,所以在工作中如果有什么失误与不足的地方,我只能对您说声抱歉,请您原谅!再一次真诚地感谢您及公司全体同事对我的关爱与信任!

恳请您接受我的辞职请求!

谢谢!

×××

20××年×月×日

改错:

① _____

② _____

练一练

1. 毕业在即,你将不能继续担任校学生会主席一职,请你向你的上级写一封辞职信。

2. 假设你是麦当劳××店的兼职服务生,即将毕业的你找到一份新的工作,请你向所在麦当劳××店写一封辞职信。

参考答案

校园篇

第一节 一般书信

测一测：
① 称谓下另起一行,空两格书写问候语;② "此致"应在正文下另起一行空两格写;③ "敬礼"再另起一行顶格书写;④ 在结束语后,另起一行,在右下方写上称谓、姓名,再另起一行,在署名下方书写写信的具体时间。

练一练：
参照文中例文,格式对即可。

第二节 请假条

测一测：
① 内容另起一行;② 缺少祝颂语;③ 请假人姓名、时间写在右下角。

请 假 条

张老师:
  今天我生病了,要到医院去治疗。请您批准!
  此致
敬礼!

学生:王静
2019 年 3 月 26 日

2. 这篇仅 25 个字的病假条,至少有七处错误:① "师"写成"帅";② "师"后应加冒号(:),不加感叹号(!);③ "我因……",应空两格,不能顶格写;④ "病故"中间漏加逗号(,),未加意思全变了;⑤ "此致"应写在正文下面一行空两格处;⑥ "敬礼"应从"此致"下面一行的顶格处写起,而且"礼"字后应加感叹号(!);⑦ 姓名和日期应分两行写,并再往左边移一点,写得太靠右边了。

练一练：

1.

请 假 条

王老师：

  我练铅球时,不小心把手扭伤了,医生建议不能做剧烈运动,所以不能参加达标运动会了,向您请假。

  此致

敬礼！

学生：李明
2021 年 3 月 31 日

2.

请 假 条

李老师：

  我昨天晚上发烧了,并咳嗽得很厉害,直到很晚才睡。故请假一天,请您批准。

  此致

敬礼！

学生：高韵
2021 年 10 月 10 日

3.

请 假 条

王老师：

  我今天要参加市区少年宫少儿英语大赛,不能上课了,向您请假一天。

  此致

敬礼！

学生：解润泽
2021 年 3 月 31 日

4.

请 假 条

贾老师：

  我是王丽的爸爸,要去济南出差,不能参加 12 月 26 日的家长会了,特请假。

  此致

敬礼！

王丽的爸爸
2021 年 12 月 26 日

第三节 计划

测一测:

1. (1) A (2) D (3) D (4) B
2. (1) √ (2) √ (3) √ (4) × (5) × (6) × (7) ×

练一练:

参照《第一学期学习计划》。

第四节 广播稿

测一测:

1. ① 振奋人心;② 险胜;③ 奋勇拼搏,为校争光;④ 高二5班的陈帆同学;⑤ 汗马功劳。

2. 可改为:昨天下午,在校礼堂举行了为希望工程募捐的文艺义演。演出十分精彩,会场气氛热烈。全校师生员工踊跃捐款,共筹得资金3万多元。此次活动由学校团委和学生会组织,学生艺术团和教工合唱团联袂演出。据悉,义演所筹捐款,将于近期转送黔江地区的希望小学。

练一练:

1. 好人好事表扬稿

哪里来的"乒乓"声

因为明天要考英语,所以,早晨七点钟我就背着书包来到了学校。

刚一进走廊,就听到从我们班级教室那边不时传来"乒、乒、乒"的砸击声,隐隐约约还夹杂着"刺、刺、刺"的声音。

咦,谁在打闹?不利用星期天好好复习,弄得桌凳"乒乓"乱响?我好奇地快步走过去。刚到跟前,我就一下怔住了:原来是我们邻班的王明和李刚在修理桌凳。他们干得满头大汗,身边横竖放着已修好的四五张桌凳。王明正比着尺码锯木头,准备修补凳腿,李刚正用锤子钉着一个拔了榫的桌面。

他俩一见我,都咧嘴笑了。李刚说:"为了让同学们答好卷,我们俩抽空修修桌凳。"王明笑着补充说:"谈不上修理,对付事儿吧!"

他们这种牺牲休息时间,爱护集体财产和关心他人胜过关心自己的精神,真使我感动。于是,我立刻放下书包,也同他们一起干了起来。同时,我心里默默地想:学政治最重要的是理论联系实际,他们俩的政治科实践部分绝对合格了。

同学们,当你听过这个小故事之后,不觉得王明和李刚值得我们一学吗?

2. 运动会广播稿

迎接比赛,挑战自己

运动会比赛的体育项目训练接近尾声,第一、第二运动场上依然弥漫着浓浓的挑战与竞争气氛。望着他们依然有条不紊地继续坚持训练,心中莫名其妙地产生了对他们深深的钦佩:他们已经在精神上战胜了自我。最后等待他们的是挑战自己的极限。

耳旁传来了啦啦队阵阵催人奋进的口号鸣笛声,他们不是运动员,却有着比他们更高的激情;他们不是体操队队员,却从训练的一举一动中令人感到了认真细致;他们不是运动场上的红花,却在绿叶陪衬精神的号召下更加鲜明动人!他们只是青年,有着青年新一代所应具备的朝气蓬勃与奋发向上,有着冬日朝阳不畏严寒的豪迈与气概!

前一轮的准备已经结束,下一轮的激烈竞争已经开始。在我们的花样年华中,你们磨砺锻造了自己,就是全世界最好的;你们不畏强敌,展示了自己,就是最勇敢最有魄力的!人不是为了失败而生,但也不是为了成功而存活,只要你有一颗不断进取的心,你就是最优秀的。

挑战就在眼前,在运动会开幕的前一天,谨代表全体支持体育运动的同学和老师们对全体为运动会而付出的同学们道一声:你们辛苦了!

3. 教师节广播稿

园 丁 颂

亲爱的老师、同学们:

今天我们迎来了第×个教师节。首先,请允许我代表大家,向辛勤耕耘在讲坛的老师们表示节日的祝贺和亲切的问候!

9月10日,所有的花儿都在流溢芬芳;9月10日,所有的心灵都在舞蹈飞翔。无数青春的笑容,将您的丝丝白发,映成金黄;无数感激的目光,将您的道道皱纹,刻成勋章。老师,您让我们看到世界有多大,天地有多广;老师,您让我们体验梦想有多美,奋斗有多棒。一天天,一年年,您奋斗在知识的海洋,却不羡慕财富的金山就在身旁;一年年,一天天,您为学生的成才奋力划桨,远航又远航。熄灭了电光,又亮了烛光;白了冬装,又染了夏裳。讲堂如舟,教鞭如桨,老师,您优美的语音谱成一片知识的海洋;白发如雪,双眼如水,老师,您无尘的心灵如圣洁的殿堂让我们健康成长。

老师,我们想对您说:您的职业最光荣;老师,我们要对您说:您的职业我们最向往!俗话说:一日为师,终身为父。老师是我们最值得尊敬的人,在这里,让我代表全体同学向老师们说一句:"老师,祝您节日快乐!您辛苦了,谢谢您!"

第五节 通讯

测一测:

【改稿】

带着妈妈上学

本报通讯员 陈胜伟 本报记者 叶辉

11月10日傍晚,浙江林学院艺术学院艺术设计052班学生刘霆上完课,就回到在校外租下的房间里,整理家务和清洗衣服。然后他又回到学校食堂打扫卫生——这是学院为他争取来的勤工俭学岗位,月薪50元,三餐全免费。

吃饭时,他还把自己的饭菜分一半到另一个盒子里,这是他带给妈妈吃的。接着,他又匆忙赶到教室上晚自习,用晚自习时间做完作业,并温习了一天的功课。晚自习结束铃一响,他又匆匆赶回住处,身患尿毒症的母亲正等着他敷药、打针……

母亲患了尿毒症,父亲离家出走,在巨大的困难和压力下,他考上了大学

刘霆出生在浙江湖州一个小镇上,他原本有个幸福的家,爸爸是个普通职员,妈妈是缝纫师傅,家里经济状况良好,他家在小镇上拥有一套新房。爱好艺术的刘霆,从小就学会了多样乐器。

然而,6年前,刘霆母亲患了尿毒症,巨额的医疗费耗尽了他家的所有积蓄,还欠了大笔的债。3年前,父亲被迫卖掉了房子,还掉债务后,卖房的钱就所剩无几了。为了母亲已失去工作的父亲此时绝望了,一个人离家出走,从此音讯全无。

此后,母亲住到外婆家,刘霆则在学校寄宿。面对命运的严酷打击,刘霆勇敢地承担起边学习边照顾妈妈的责任。

就是在这样巨大的困难和压力下,2021年,刘霆考上了浙江林学院。收到通知书的当天,他既高兴又绝望。要上大学,学费从哪里来?母亲谁来照顾?反复思考后,他给林学院领导打去电话:"我想带着妈妈一起上学!"

浙江林学院领导了解到真实情况后,既震撼,又感动,不仅同意他带着妈妈上学,而且特批他在校外租房。

9月初,刘霆带着妈妈来到林学院。在学校的帮助下,他在学校附近租了一间房,因为没钱,他只买了脸盆、毛巾等必需品,没有任何家具,房东见他们可怜,把自己用不着的东西留给他们,于是母子俩安顿下来,算是有了新的家。

校领导表示,一定要帮助他完成学业

得知刘霆的不幸遭遇后,浙江林学院有关部门领导多次前去探望慰问,带去了慰问金和真挚的爱心。艺术学院党总支书记、心理教育专家张敏生多次与他谈话,鼓励他不要有心理负担,有困难学校会尽量帮他解决。辅导员钱东芬在很多地方都对他优先照顾,希望他在学习上要努力刻苦,积极向上,在生活上照顾好母亲,注意自己的身体,鼓励他化压力为动力,在逆境中成才。考虑到刘霆的实际困难,浙江林学院不仅为他办理了贷款手续,并决定为他减免部分学费,同时在勤工俭学上优先为他安排了可免费提供三餐的食堂保洁员岗位。该校领导表示,一定要帮助他完成学业。

他母亲的病情不轻,必须住院才有希望康复。然而刘霆没钱,除了每个月勤工俭学的50元收入以外,他们家没有任何收入,根本支付不起昂贵的住院费用,所以只得在家治疗。刘霆在医生的帮助下学会打针和使用电疗设备,这样只要定时去医院取药就可以了。

现在刘霆不仅要正常学习、参加勤工俭学,还要承担所有家务和照顾母亲,他还想找一份家教或者其他工作,这样可以给妈妈买好一点的药。有时候担心母亲,他还会在课间跑去探望。

"妈妈,你要活下去,我还要让你享受一个幸福美好的晚年"

儿子的所作所为既使母亲感动,也使她担心长此以往会影响他的学业,有一段时期她想一死了之。刘霆获知母亲的心思,伤心欲绝:"妈妈啊,我向你保证绝对不影响学习。你要有个三长两短,我可怎么办?如果你走了,我也不读大学了,和你一起离开这个世界。妈妈,你要活下去,我还要让你享受一个幸福美好的晚年……"

虽然压力很大,困难很多,但刘霆一直没有放弃自己的学业和理想,他还担任着班级的文娱委员。虽然事情非常多,但是他从来没有请过一次假,即使晚自习也从来没有迟到过。在谈到自己在学校的学习和生活时,刘霆表示希望通过自己的努力解决目前的经济困难。

目前,浙江林学院全校上下都行动起来,用实际行动向刘霆学习,并以各自的方式帮助刘霆渡过难关。

面对病中的母亲,面对今后4年的学习生活,刘霆心里还是没有底。母亲的病要治愈必须换肾,这至少需要十多万元钱;刘霆时刻都在担心,母亲能否熬到自己大学毕业后挣钱为她治病,能否等到他有能力回报母亲的养育之恩,感受他的孝心。

练一练:

【例文】

<h3 style="text-align:center">特别的爱给特别的你</h3>
——记应城市师德标兵、天鹅镇沈铺中学优秀教师魏成明
特约记者 晓晨

讲台这方天地给了他太多的期许和快乐,给了他太多的寄托和梦想,同时给了他神圣的责任和义务。

2004年8月,魏成明如愿以偿地站在了三尺讲台前。从此,他对师德有了最真的感悟:教师的工作是全天候、全日制、全方位的,教师不仅是社会主义精神文明的建设者和传播者,更是莘莘学子道德基因的复制者和转接者。

<h4 style="text-align:center">如火炬燃烧款款深情</h4>

选择教育这份职业,魏成明豪情满怀,无怨无悔。

"为什么我的眼里饱含着泪水,因为我对这片土地爱得深沉。"选择教师,魏成明无怨无悔、尽心尽力,选择教育,他责无旁贷,尽职尽责,选择教师,他奉献大爱,尽善尽美。

在教师这个繁琐而艰巨的岗位上,魏成明完成了由学习型教师向研究型教师再向创新型教师的嬗变。师范毕业后,魏成明被分配到天鹅镇西湖小学任教,两年后,魏成明被抽调到西湖中学教初二语文兼班主任,三年后又被选调到沈铺中学教初三语文。14年来,面对一个个挑战,魏成明都是以学习充实自己,以研究武装自己,以创新捍卫自己。

在一次次镇级教研活动中,魏成明的努力获得了一次次好评——学区胡豪主任说:"我们都要像魏成明老师一样做一个学习型的教师。"汤琼华主任说:"从魏成明老师的身

上,我看到了天鹅教育的希望。"田亦农主任说:"如果每个老师都能像成明老师这样,我们天鹅的教育就会迈上新的台阶。"三任学区主任的话,激励着魏成明不断开拓,不断创新。

14年一路走来,魏成明已经将这一腔特别的爱,奉献给了他特别挚爱的教育事业,而且他将擎起这熊熊的火炬,继续跑完自己的人生接力!

似夏露滋润莘莘学子

雷锋曾经说过,如果我是一滴水,我就要滋润一寸土地,如果我是一线阳光,我就要照亮一分黑暗,如果我是一颗粮食,我就要哺育有用的生命。

2017年11月,魏成明的搭档张全忠老师工作调动,学校要求他在教九(2)班语文兼班主任的情况下再教九(1)班的语文。在老师们时常流露出对厌学生和留守孩子教育上的困惑的时候,魏成明很有临危受命的感慨。但教育来不得半点敷衍,他要么不答应,承诺了就要勇敢地去面对。对学生,魏成明有一条不变的底线:他从来不会因为哪个孩子学习成绩不好而辱骂。因为魏老师深信:每一个孩子都是一个不可重复的个体,都是每一个家庭的掌上明珠和希望。只要给孩子们必要的尊重和激励,他们都可能成为有用的人;只要认真去观察和发现,孩子们都有可爱的闪光点!

为了建立一座沟通的平台,魏成明要求学生养成写日记的习惯,在日记里可以写出自己的焦虑、困惑、疑问;他还在两个班公布了自己的手机号码,让孩子们随时和他联系。渐渐地,每周两次的日记,变成了每天不间断的交流,传阅魏成明的批语,成为孩子们的一种享受,他们有时会以跟帖的形式进行接龙。"任何事,如果不可以逃避,就应该勇敢地去面对。""凡事可投入而不可陷入,凡事可漠视而不可忽视,凡事可追求而不可苛求。""任何事情,好也好,坏也罢,这一切都将成为过去。奋斗才是我们永远的未来。"魏成明的这些批语,也成为孩子们摘抄的警句。

有很多时候,魏成明在备课时、在吃饭时、在休息时,手机响了一下就停了,魏成明凭着手机上存储的128名学生的号码,就能准确地知道是谁找他有事。魏成明耐心地回答每个孩子的提问,细心地倾听每个孩子的诉说,悉心地打开每个孩子的心扉,全心全意地为每个孩子插上飞翔的翅膀!

像秋雨浇灌菁菁少年

孔子曰:"其身正,不令而行;其身不正,虽令不从。"这一点,魏成明是深有感触的。

在开学的例行登记时,他把学校的表册添加了两列,做好了留守孩子和单亲孩子的信息采集,便于在今后的工作中有的放矢。

2012年9月24日,魏成明带着班长,来到留守孩孙华丽的家里。低矮的平房里住着姐弟和爷爷奶奶,父母为了摘掉贫困的帽子,外出打工,为节省开支,连过年都没回家。在和华丽的爷爷聊天时,他说到家里由于电线老化,这几天晚上没有用电,孩子们晚上学习很不方便。看着无助的一家子,星期天,魏成明和班上的几名物理爱好者带着材料和工具,对华丽家的用电线路进行了彻底的改换,下午,当通电成功后,魏成明又用手机和华丽的爸妈取得了联系。

2015年12月,魏成明接到学生卢勇的父亲的电话,说他远在新疆,孩子从小没有了母亲,家里无亲友帮助,担心两个孩子在家不会照顾自己,特别是花钱了却没有吃到有营养的东西,而且饮食无规律,听说魏成明对学生很好,想托付代为照顾。魏老师答应了。在卢勇家里,魏成明和班上的几位同学,一起组织了一次周末义务劳动,还帮他们制订了作息时间和学习计划,在接到卢勇父亲的第一笔汇款前,魏成明已为他们兄妹两人垫付了500多元,为他们买了闹钟,添置了炊具和一些生活用品,还给他们讲了许多生活常识和安全知识。

2018年暑假,魏成明在整理毕业生资料时,看到许多孩子都给他留了QQ号,于是魏成明在网上给这些孩子创建了一个QQ群,通过聊天和发布信息,为孩子们疏导焦虑情绪,指导假期生活,提供择校信息。

几年来,在孩子们心里,在家长们中间,由一份信赖、一份依恋聚合成一个口口相传的称呼:"语文爸爸"。魏成明知道,留守孩子和单亲孩子都在心灵上有创伤,他们都有脆弱的一面,他们需要格外的、真诚的爱。

魏成明有弟兄五个,魏成明搬家进城以后,母亲又要为他操心,留下父亲孤身一人,在老家守着几亩田地为全家人提供口粮。

在学校工作之余,他每天下午还要抽空回老家看看他,了解一下田地的情况,好回家向母亲交代,顺便给父亲做饭,和父亲一起吃饭。

魏成明说,喜欢做一名教师,简单而深远。他将一如既往,春风化雨,用真爱点亮心灵;超越梦想,以坚韧雕琢辉煌;静水流深,凭奉献温暖亲情。

为此,魏成明老师在他的办公桌上立下誓言:我这份特别的爱,将毫无保留地奉献给特别的你!

第六节 邀请函

测一测:

1. ①"贵校"改为"我校";②"鼎力"改为"诚挚";③"聆听"改为"听到";④"惠顾"改为"光临"。

2. ③删去"专家学者们";⑥删去"以抛砖引玉";⑦"同事"改为"同仁";⑧改为"附上"。⑨改为"请您"。

练一练:

1.

同学会邀请函

亲爱的2004级初中(4)班同学们:

好久没有见到你们了,真的很想念,你们好!

岁月如流水,转眼我们初中毕业已有十二年,同学是缘,相聚是情。亲爱的同学,缘分让我们走到一起,重温那些一起走过的日子,尽情享受老同学相聚的温馨——让心栖息、忘却忧虑;说说真话,谈谈友情。无论你学业辉煌或不尽如人意,也无论你多么闲暇或何等繁忙,同窗之情不变,我们终究不会忘记那教学楼、操场,那共同在一起的情趣。

　　为了给同学们创造一个相聚的机会,共叙别情,互通信息,增进彼此了解,促进同窗情谊,听听久违的声音,看看久违的面孔,我们定于2019年2月10日香格里拉咖啡厅203包间举行第X中学2004级初中(4)班同学会,请您如期赴约,并请尽快在2月1日之前与联系人李磊通过QQ或手机取得联系,便于我们妥善安排具体事宜。

同学:李磊
2019年1月25日

2.

家长会邀请函

尊敬的_____班级_____学生家长:

　　为了让各位家长能更好地了解××职业高级中学高二学生面临的实习就业、高复及参加成人大专教育等方面的情况,使各位家长更好地配合学校全面推进职业教育,充分发挥家庭教育的特殊功能,促进家庭、学校、社会"三教结合",发挥各自的优势,促进学生健康发展,定于2019年6月23日(星期天)下午1:00在学校报告厅举行2017级学生实习动员暨高二年级家长会,邀请学校实训处、成人大专培训处讲解学校高二年级学生工作,大会结束后还将请家长们与相应的教师进行交流。敬请届时光临。

　　家长会是家庭、学校、社会交流的平台,是家长参与学校教育管理的重要方式,也是您真实了解子女在校状况、体现对子女关心的良好途径与方式,我们期待您对我们工作的支持,并请您在百忙之中抽出时间准时参加本次家长会议。

××职业高级中学
2019年6月10日

回　执

　　了解子女在校状况,体现对子女关心,关注学生就业、学习分流,支持职业教育。我们期待您在百忙之中抽出时间准时参加本次机电四学区家长会议,并请您在下面表格内写上您的决定(在对应项上打勾),并让您的子女将您的决定带回学校交于班主任。

这次家长会议,我	参加		不参加原因	
班　级				
学生姓名				
家长姓名及联系电话				

2019年6月10日

第七节　迎送致辞类

测一测：

首先，书写格式不正确，称谓应该顶格书写，不要空格；正文在称谓下另起一行空两格，而不是在称谓最后一个字节下书写。再者，表达上应该重在表达对来宾的谢意，致辞中并没有体现出来，却主要表达了自己的快乐。另外，是为爷爷的寿宴所作的答谢词，第二段却又转移到感谢爸爸上，重点不明。结束语也不恰当，应该再次表示感谢、祝福，并进行祝酒。

练一练：

【例文】

致 2018 届毕业生的欢送词

亲爱的 2018 届毕业生：

　　在这充满深情留念和美好憧憬的日子里，你们，作为新一届毕业生和祖国现代化建设事业的接班人，即将结束流光溢彩的职校生活，走向社会，迎接新的挑战。

　　在母校宁静温暖的怀抱里，你们曾留下奋进拼搏的足迹。为了翱翔蓝天，你们一遍又一遍地振翅高飞；为了驶入大海，你们一次又一次地抗击"风浪"。窗明几净的教室里出现过你们专心致志的身影，丰富多彩的文体活动中展示过你们充满青春活力的风采，夕阳晚照的林荫道上留下过你们探求知识、思索人生的足迹……

　　现在，你们将挥挥手，告别母校，踏上新的征程。同学们，职校毕业既是终点，也是起点。母校希望你们树立远大的理想，发扬艰苦创业的精神，坚定信念，淡泊名利，开拓创新，积极进取。母校希望你们用丰富的专业知识、高尚的职业道德、精湛的业务水平，为祖国的建设添砖加瓦，为祖国的繁荣富强贡献智慧和力量。母校相信你们会在长期而艰苦的实践中不断体现自己的人生价值，努力实现自己的人生目标。

　　千里之行，始于足下。亲爱的同学们，愿你们志在千里，求真务实，忠于职守，勤奋工作，以优异的成绩报效祖国，以优异的成绩为母校争光。今天，母校师长欢送你们踏上学成报国的万里征程；明天，父老乡亲和老师同学将分享你们事业成功的无限快乐。

　　海阔凭鱼跃，天高任鸟飞。亲爱的同学们，祝你们一路顺风，早日实现远大的理想，拥有美好的未来。

×　×
20××年×月×日

第八节　竞聘演说词

测一测：

1. ① 首先，缺标题，可拟"竞选班长的演说词"；② 竞选的理由过于简单，例如可以说明自己学习成绩还算可以，可以给全班同学做榜样等；③ 正文最后部分可以简单说说如果当上班长,会如何做。

2. ①"小试锋芒"改为"大胆尝试";②"做得尽善尽美,与众不同"在这里用词嫌大,可改为"让大家度过一个个愉快的假日";③ 内容的竞争力不够强,还可以再说一下在文娱方面的特长,或者拿到的一些文娱奖项等。

练一练:

1.

竞选学生会主席的演说词

各位同学:

大家好!首先感谢大家的支持与学校提供这次机会,使我能参与竞争,一展自己的抱负。今天我来参与竞选的目的只有一个:一切为大家,能为大家谋利益。我自信在同学们的帮助下,我能胜任这项工作。正由于这种内驱力,当我走向这个讲台的时候,我感到信心百倍。

我认为自己很适合担任学生会主席。首先我热爱我的工作,算上小学的话,多年学生干部"工龄"已不算短了,这使我有了相当的管理经验、领导能力。活泼开朗、兴趣广泛的我积极参加并组织开展各项活动,在活动中尽情施展自己唱歌、跳舞、弹钢琴及演讲的才能,取得了如演讲比赛第一、英语朗诵第一、阅读竞赛第一等好成绩,激励着我不断向前;主持也是我不懈的追求,从高一入学军训联欢会到主持电视台节目,以及后来的首届英语节,大大小小的活动参加了不少。此外,学习上我也丝毫没有松懈,成绩现已跻身年级前茅,我认为我有着足够的时间和精力在学习之余开展活动。

假如我当选,我将进一步加强自身修养,努力提高自身的素质,我将时时要求自己待人正直、公正办事,要求自己严于律己、宽以待人,要求自己乐于助人、尊老爱幼等,总之,我要力争让学生会主席的职责与个人的思想品格同时到位。

假如我就任此届学生会主席,我的第一件事就是召集我的内阁部长们举行第一次全体内阁会议,全面地听取他们的意见与建议,下放权力,实行承包责任制。我们将自始至终地遵循"一切为大家"的原则。在就职期间,我们将在有限的条件下,办我们自己的电视台、广播站,建立必要的管理制度,设立师生信箱。我们将定期举行各种形式的体育友谊比赛,使爱好体育的英雄有用武之地。爱好文艺的,校艺术团在欢迎你,我们将举办自己的艺术节、中秋、圣诞大联欢……

总之,我们每个人都能在学生会找到自己的位置,我们的课余生活绝对能够丰富多彩!我们将与风华正茂的同学们在一起,指点江山,发出我们青春的呼喊!我们将努力使学生会成为学校领导与学生之间的一座沟通心灵的桥梁,成为师生之间的纽带,成为敢于反映广大学生意见要求,维护学生正当权益的组织,新的学生会将不再是徒有虚名的摆设,而是有所作为的名副其实的存在!

既然是花,我就要开放;既然是树,我就要长成栋梁;既然是石头,我就要去铺出大路;既然是学生会主席,我就要成为一名出色的领航员!

各位同学,你们所期望的学生会主席,不正是敢想敢说敢做的人吗?我十分愿意做你们所期待的公仆。你们握着选票的手还会犹豫吗?谢谢大家的信任!

2.

竞选学习委员的演说词

尊敬的老师,亲爱的同学们:

大家好!

今天很高兴参加竞选班干部,我想竞选学习委员。

谁不想当干部呀!说真的,我连做梦都想。同时,我觉得我有能力当这个学习委员。因为我当学习委员已经有两年的历史了,两年来,我积累了不少好的经验。

要想当好学习委员,首先要当好老师的小助手,同时,也要当好同学的主心骨。懂得对同学要有爱心,除了有爱心,还要有责任心。同学们遇到难题,我要有耐心,不厌其烦地讲,直到他弄清楚为止。如果我不会,就要虚心地向老师、同学请教,不能不懂装懂,要做一个诚实守信的好干部。

如果我这次有幸选上了学习委员,我决不辜负老师、同学们对我的信任和期盼。在工作和学习上,我会专心致志、认真踏实、实事求是。在与同学们交往的过程中,我会真诚待人、互相信赖,只有这样才能和同学们打成一片,把班级的学习成绩搞上去。

如果这次我选不上的话,我也不泄气,说明我还不如别的同学强,我会再接再厉,我真希望我的梦想能实现。

尊敬的老师、亲爱的同学们,请你们相信我,给我一点理解和支持,让我实现这个美好的梦想。

第九节 通知

测一测:

1. (1) 关于搞好夏粮入库工作的通知;(2) 关于做好强台风预警工作的紧急通知;(3) 关于召开征购粮入库工作动员大会的通知;(4) ××公司关于举行春季运动会的通知。

2. ① 标题:只用"会议通知"就好,去掉"梁溪县卫生局"和书名号。② "关于对食品加工行业的卫生状况进行一次全面大检查的通知"应是一个文件的名称,加上书名号,变成《关于对食品加工行业的卫生状况进行一次全面大检查的通知》。③ "现将有关事项通知如下"单独列一行。④ 报到日期应该单独列一项:报到日期:10月24日14:00—17:00。⑤ "参加会议人员"这一条写得太过口语化,公文要严谨,可改成:"二、与会人员:全县各食品加工单位负责人1名,各乡、镇及县工商联代表1名。"⑥ "三、住宿费回单位报销,伙食费个人自理,按有关财政规定给以补助。"也太口语化,可改为:"三、费用报销:伙食费个人自理,住宿费各相关单位按有关财政规定补助。"⑦ 落款和时间格式不对,应该靠右。

3. ① 首行居中缺"通知";② 通知对象未顶格写;③ 通知对象后未加冒号;④ 未写明开会地点;⑤ 通知单位和时间的位置颠倒。

练一练:

关于举办拔河比赛的通知

各年级组:

为丰富校园文化生活,活跃校园文化氛围,加强教师之间交流,进一步提高教师们的身体素质,增进年级凝聚力和集体主义精神,学校决定举办庆三八教师节拔河比赛活动,希望各年级组做好准备,积极参加。具体安排如下:

一、比赛时间:3月6—7日下午3:00。
(如天气有变化另行通知)

二、比赛地点:学校操场。

三、比赛办法:

1. 以年级为单位组队,分组进行比赛,各年级参加者女教师14人,男教师2人。体育教师不参与,处室人员随年级组。

2. 比赛采用三局二胜淘汰制的方法进行。

3. 比赛进行之中,不准换人,不准加人。

4. 参赛人员不得与裁判发生冲突,如有违规者,取消参赛资格。

5. 未按规定时间到场,迟到10分钟以上者,按弃权处理。

四、奖励办法:奖励前三名。

望各年级选拔好运动员,做好组织、动员工作,准时参赛。

××职校
2021年2月26日

第十节 申请书

测一测:

① 标题应该写具体一点,改为"开业申请书";② "此致"应空两格写;③ "敬礼"应顶格写;④ 署名和日期应该对调。

练一练:

入党申请书

尊敬的党组织:

我志愿加入中国共产党,我愿意为共产主义事业奋斗终生,拥护党的纲领,遵守党的章程,履行党的义务,执行党的决定,严守党的纪律,保守党的秘密,对党忠诚,积极工作,为共产主义奋斗终生,随时准备为党和人民牺牲一切,永不叛党。

中国共产党是中国工人阶级的先锋队,同时是中国人民和中华民族的先锋队,是中国各族人民利益的忠实代表,是中国特色社会主义事业的领导核心,代表中国先进生产力的发展要求,代表中国先进文化的前进方向,代表中国最广大人民的根本利益。党的最高理想和最终目标是实现共产主义。中国共产党以马克思列宁主义、毛泽东思想、邓小平理论、"三个代表"重要思想作为自己的行动指南。她是解救贫苦人民于水深火热的民族灾难中唯一伟大的力量,是一心一意服务全体劳动人民,创造先进生产力和先进文明的核心力量。党的根本宗旨是全心全意为人民服务。党的最终目标是实现共产主义的社会制度。我志愿加入中国共产党,拥护党的纲领,为共产主义而奋斗,这是我的信念和追求。

这些年中,为了实现自己的这一理想,在党组织的关心和帮助下,我认真学习、努力工作,政治思想觉悟和个人综合素质都有了长足进步,我要求加入党组织是要在党的组织内,认真学习马列主义、毛泽东思想、邓小平理论和"三个代表",努力学习科学、文化和业务,不断地提高自己的思想政治觉悟。用党员的标准来要求自己,全心全意为人民服务,不谋取个人私利,维护党的团结和统一,言行一致,密切联系群众,在工作、学习和社会生活中起到先锋模范作用,更好地学习和提高自己,更好地工作和发挥作用。希望党组织帮助我,我会用一个共产党员的标准来要求自己。

长期以来,我坚持学习党的有关理论知识和实践经验,思想上有了极大进步,积极向党组织靠拢。党对我的教育,使我认识到:没有共产党,就没有新中国,只有共产党,才能建设社会主义新中国。几十年的社会主义建设和实践证明,中国共产党能够改正自己的错误,领导中国人民向新生活迈步,她不愧为伟大、光荣、正确的党。我在自己的本职工作中踏实肯干,努力发挥自己的长处。不久前刚参加学校组织的喜迎党的十八大召开活动,学习了胡锦涛总书记作的《坚定不移沿着中国特色社会主义道路前进,为全面建成小康社会而奋斗》的十八大报告,这让我心潮澎湃,让我感觉党与我的工作、学习和生活是那么息息相关!本次会议对十七大以来五年的工作和近十年的工作作了总结,分析了当前国家面临的形势、挑战,细细读来,深感内涵丰富、主题鲜明、立意高远、求真务实,催人奋进,不愧为推动国家科学发展,促进社会和谐的坚实理论基础和行动指南。中国共产党党员,一个光荣而先进的称号,不管在哪里都有他们的身影,不管在哪里他们都奋斗在最前线。我发现在最危急的关头总会有共产党的出现,我要像他们一样,我要成为一名共产党员!

最后,如果我能有幸获得党组织的认可,批准了我的申请,我会更加努力以党员的标准来要求自己,全心全意为人民服务,密切联系群众,争取在工作、学习和社会生活中起先锋模范作用。同时我还会努力学习党的相关理论政策,关注时事政治,全面提高自己的政治、文化、道德素养,为早日实现全面小康社会,实现社会主义现代化,实现共产主义宏伟目标而不懈奋斗。如果我没有被批准,那说明我离党的要求差距还很大,还有许多缺点和不足。我也决不气馁,依旧会坚定我自己的信念与政治信仰,再接再厉,继续努力学习,时刻按党员标准严格要求自己,保持自己的优点,发挥自己的专长,克服自己的缺点,弥补自己的不足,以实际行动提高自己的综合素质,争取早日获得党组织与群众的认可!

  请党组织在实践中考验我!

  此致

敬礼!

×××

××年××月××日

第十一节　会议记录

  测一测:

  1. ① 标题写详细;② 地点和时间位置对调;③ 缺主持人和记录人;④ 右下角没有主持人、记录人签名。

  2. 对"会议基本情况和内容"的记录不完备、不真实。如会议时间、地点不具体,主持人姓名没冠职衔;没有记开场白内容;对入党积极分子具体人员、总结内容(包括各人的缺点、进步表现、改进意见)等均没有记录。记录格式不规范。记录人不能置于主持人之上;发言人姓名和顺序均无记录;结尾也没有主持人和记录人的签名。

  练一练:

  1.

班委会"迎期中考"会议记录

时间:2021年11月2日

地点:2020级汽修(2)班教室

主持者:杨××(班主任)

出席者:申××(班长)

    周××(纪律委员)

    李××(学习委员)

列席者:全班同学(无缺席者)

记录人:范××(组织委员)

讨论议题:如何整顿班风,提高学习成绩

讨论发言:(按发言顺序记录)

班主任:现在有的同学上课不听讲,课后不认真完成作业,老师不在的时候又不听班干部的话,纪律散漫,有时还出现和班干部顶嘴的现象。我认为班上应该实行扣行为分的规定,到期末评三好学生或其他奖项的时候看行为总分评价。

申××:我们应该要遵守纪律,学习认真,听课的时候不要开小差,期中考试快要来到了,大家应该抓紧时间学习,不要玩太多。

李××:我们把以前做过的试卷再认真多做几遍,把笔记上记的一些学习内容看熟,课后看一些名著之类的文学作品,拓展我们的一些知识面。

与会人员经过充分讨论、协商,形成以下决议:

加强班风管理,多看点书,做好笔记,迎接期中考试的到来。

下午5点30分散会。

主持人:杨××(签名)
记录人:范××(签名)

2.

2021年汽修(1)班家长会会议记录

时间:2021年11月8日

主持人:班主任

出席者:班主任、科任教师、学生代表及学生家长

记录人:小月

会议目的:研讨怎样提高学生的学习成绩及如何养成良好的学习习惯

会议记录:

一、班主任致欢迎辞

二、向各位家长说明这次开家长会的意图

1. 培养良好的学习习惯,提高学生的学习习惯。

2. 营造"书香家庭",开展亲子共读。

3. 鼓励学生参加各种兴趣小组活动,培养孩子的特长。

三、班主任老师就当前班级情况及学习情况进行汇报

1. 介绍学校的基本情况及班级学生人数,整体情况。

2. 表扬"我有好习惯,周周见行动"活动中,学习、卫生、纪律各方面表现突出的学生。

四、家长发言,交流

家长1:孩子在家喜欢边看电视边写作业……

家长2:教育学生如何做人……

五、教师及家长共同探讨解决的方法

1. 加强良好习惯的养成和督促。

2. 加强家校联系。

3. 对于习惯较差的学生,家长和教师共同配合,加强指导、督促。

六、班主任总结

七、道别

下午5点散会

主持人:班主任(签名)
记录人:小月(签名)

第十二节　倡议书

测一测：

① 倡议书开始不用问候语,结尾不用祝颂语;② 倡议书结尾段提出的呼吁"同学们"与称谓语不相呼应;③ 为了使倡议书在实际中更具可操作性,使工作尽快得以落实,有必要公布接受捐款的方式方法。

练一练：

【例文】

命运无情人有情

——爱心捐款倡议书

全体师生们：

拥有健康和快乐是我们每个人的梦想。当我们和朋友高歌、放声欢笑的时候,当我们和家人团聚、共享天伦之乐的时候,当我们努力工作、畅想人生理想的时候,您可知道,就在我们身边,有一位同学正遭受着病痛的折磨,用他微薄的力量与死亡抗争,用他的坚强来诠释生命的意义!

谁都知道"天有不测风云,人有旦夕祸福",这样的厄运现在就发生在××身上。××同学身患重病,现急需手术。第一次手术失败了,他家欠医院3万多元的医药费。现在必须进行第二次手术,又需医疗费8万元。他的父母绝望了,××同学也在绝望中挣扎……

中华民族素有积德行善、济贫扶危的传统美德。今天,我们怎能眼睁睁看着一个人等待死亡,怎能让一条年轻的生命离我们而去!病魔可以夺去生命的健康,却不能夺去人间的真情。为了拯救这条宝贵的生命,拯救××和他这个家庭,现向全体师生发出倡议,请伸出友爱之手,献一份爱心,帮助××战胜病魔吧!

谁说人世无情?你的仁爱之心,你的点滴之恩,就有可能拯救一个年轻的生命;谁说命运不公?你的无名关怀,你的善意之举,就是他最大的幸运。众人拾柴火焰高,能力不分大小,捐款不分多少,善举不分先后,贵在有份爱心。滴水汇成大江,碎石堆成海岛。哪怕就是一元钱,只要您献出爱心,他就多了一分生存的希望。只要人人献出一点爱,世界将变成美好的未来!

也许您与他素不相识,但爱心与真诚是没有界限的!希望大家都能伸出援助之手,帮助这位同学与病魔抗争吧!也许这些捐款对您而言是一笔小小的支出,但是这些积少成多的爱心,就能换回他的生命呵!相信您一定会伸出同情、友爱的手,扶一把躺在病床上的××。

请献出一份爱心,成全一份勇敢的坚持,传递一份生命的热度。

他需要您、需要我、需要我们大家伸出双手,用我们的爱、我们的心,点亮一盏希望的灯,帮他撑起一片蔚蓝的天……

正在与病魔抗争的××及其家人谢谢您的关心与捐助!

捐资地点:××××××××

电话:××××××××

2016级计算机班全体同学

2019年3月10日

第十三节　感谢信

测一测:

1. ① 不明确究竟是对公司还是司机深表谢意。② 没有对对方的品德作出评价和颂扬;缺写表示向×××先生学习的态度和决心的文字。③ 缺写敬语"此致敬礼!"。④ 书写格式上,称呼应该首行顶格书写,正文应该空两格书写。

2. ① 删掉"经过全校广大师生的努力";② 在"谨代表"前加"我们";③ 将"贵校"改为"我校"。

练一练:

1.

感 谢 信

尊敬的××职业技术学校全体教师:

　　金秋送爽,满园锦绣。值此第××个教师节到来之际,我们全校学生谨向你们致以节日的祝贺和衷心的感谢!

　　在过去的一年里,我们在德、智、体、美等方面收获很多,取得可喜成绩和长足进步。是你们让我们享受现代化学习环境的舒适和优越;是你们呕心沥血,用知识和思想滋润我们的头脑和心灵;是你们教会我们学习、生活和做人。

　　在你们的精心呵护和耐心培养下,我们懂得了修身养性、立德立能,养成了尊重科学、关心世道的情怀,拥有了勤奋刻苦、严谨求实的学风。我们敢以崭新的姿态、高昂的斗志、百倍的信心迎接新时代新环境的挑战。敬爱的老师,我们记住你们的教诲,我们自豪地说,你们给予我们知识的清泉,奋斗的信念,启程的风帆。我们恳请老师,注意身体,保重健康,愉快工作,享受人生,为我们国家更增一份明媚春光,再添一片绚丽秋色。

　　说不尽的感激之意,千言万语汇成一句话,认真学习你们厚德崇教的美好品德,衷心感谢你们的无私教养之恩。

　　祝老师们节日快乐,阖家幸福!

　　此致

敬礼!

××职业技术学校学生会

2019年9月1日

2.
致××高等职业技术学校感谢信

尊敬的学校领导,杨老师:

  你们好!

  首先,让我代表我们全家向你们表示最衷心的感谢!

  我的孩子孙敏是贵校一名普通的学生,在2019年省计算机比赛中取得了一等奖的好成绩。这是在贵校各位领导、老师特别是孩子的班主任杨老师辛勤培养教育下取得的成果。从班主任杨老师等身上,我们家长看到了贵校每一位老师严谨的治学态度,敬岗爱业、爱生如子的高尚情操。师道既尊,学风自善,是你们凭着对教育事业的满腔热情,为社会输送了一批批高素质的人才。

  成绩的取得是与杨老师的精心培养、辅导是分不开的。杨老师以高度的责任感和庄严的使命感,以及自己丰富的教学经验和管理经验,给所教学生带来了规范丰富的治学环境,增强了学生的信心,我的孩子孙敏每次回到家都不止一次地提起杨老师,可见孩子对老师的信赖和尊敬。

  最后,请允许我再一次向贵校的各位领导和全体老师表示最真诚的感谢和最真诚的祝福,我衷心祝福贵校越来越好,在今后的教育工作中取得更加喜人的成绩,为社会输送更多优秀人才。

  此致

敬礼!

学生家长:孙德胜
2019 年 11 月 10 日

第十四节 总结

测一测:

1. ① 材料不足,情况不明。这个镇在上半年做了很多工作,一共完成了12项"精神文明和物质文明"方面的建设。但这些工作为什么会这样、怎么做、做得怎么样等基本情况并没说清楚。如"推行、落实承包责任制",这是村民的大事情,但其落实情况如何、成效如何等情况,总结中没有用材料说明。又如"推销",采取什么途径推销、销售情况怎样、是盈或是亏等情况,总结中也没提及。其他几项工作情况均是如此。这表明,作者在写这篇总结前并没有下功夫收集和充分占有材料,更别说选出典型材料。② 经验体会缺少特点。文中所说的三条经验,机关可用,社会团体可用,农村可用,过去可用,现在可用,将来也适用。这说明作者不仅没有占有必要的材料,更没有对镇的情况作起码的分析,没有从镇的工作实际出发,概括出规律性的东西。这篇总结既不能说明单位的实际,对提高认识也没有作用。所以,要写好总结,占有材料、分析材料、找出规律性的东西是关键。

2. ① 格式错误:"我在教学中是这样做的:"空两格写。② 正文内容过于简单,可分成这样几块:成功的经验和方法、需要注意的问题和教训、今后的努力方向。

练一练:

1.

2017—2018 年度第二学期总结

岁月匆匆,转眼间高一就要结束了。

如今想起高一刚入学时的我和电子(1)班,一切都还历历在目。

时间,摧残人,也磨炼人,重要的是在经历过时间的洗炼和冲刷中,我们学会了什么,领悟了什么,铭记了什么。

学习,是要我们通过不断努力奋斗而得到其精华所在,从而转成属于自己的东西,因此,学习靠自己,也为自己;生活,是要我们通过在自主自立成长中学会维系自己身边的人际关系和事物,从而使自己懂得朋友和团结的重要性,因此,学会理解生活比学会生活要重要;梦想,是连接现实与未来的纽带,有了梦想,我们就能朝着它不断走去,或许坎坷崎岖,但是坚定不移!

高一是很重要的一年。告别了初中的幼稚青涩,我们都要学会长大。在新的集体,认识了新的朋友和同学,感受了新的学习情景和氛围,自身也得到了新的感悟和发展。

学习上,要学习的知识越来越丰富,也越来越难。刚刚开始的无所谓造成了后来赶不上的后悔,因为高中的学习需要理解的很多,并不能像初中一样,到考试之前才来个临时抱佛脚,那是无用的。日常每天的课程,都必须牢牢巩固且温故而知新。"每节课,都要投入百分之百的认真,老师说的指示重点都要记住,或许老师的某句话就可能成为考试的重点。别人没有记住而你认真记住了,你就可能成为赢家。"这句话是我的一位成绩十分优异的朋友告诉我的,她告诉我学习最重要的就是上课要认真。除了课堂,课外还要做大量的各科作业和习题。只有通过不断的训练和应用,才能把知识点消化并应用自如。

生活上,体验了许许多多人际交往的方法。高中是住校的,难免有时会与宿舍和周围的同学发生摩擦与争吵。每次都需要冷静处理,避免事情更加恶化。许多事情,都是初中的我不曾遇到过的,棘手得不知道如何处理。但是经历过各种问题之后,慢慢也学会以双赢的方式妥善处理了。

相信在以后两年的高中生活中,我的能力会得到更多人的认可和赞赏,我的人际关系可以不断和谐,我的成绩可以越来越优异,成为品学兼优的好学生!

×××

2018 年 6 月 18 日

2.

2020—2021 学年第一学期工作总结

匆匆过去的半年,令我感触颇多。很感谢老师和同学们的支持,让我有信心和动力做好班长,感谢那些曾经给过我帮助和鼓励以及对我提出批评的同学,我会以百倍的努力去做好自己的工作,不辜负大家对我的期望。

回顾这个学期,我们在一起生活学习,每个人都做出了值得骄傲的成绩,大家之间的感情也在不断加深。

一、班级工作方面

1. 班级气氛和谐融洽,在班委会议以及班级会议上,大家发言比较积极,对班级的工作提出不少可行的意见和建议。同学之间互相帮助,互相促进。

2. 班干部分工明确,都能够合格地完成自己的工作,班务工作有所提高。

3. 班委工作逐渐步入正轨,班委会成员之间越来越默契。

二、学习方面

1. 同学们出勤率较高,能做到不迟到、不早退,有事请假。课堂发言积极性较高,能够保质保量地完成作业。

2. 同学们学会利用学校图书馆以及方便的互联网资源,学习更多的知识,丰富了自己的知识库。

3. 越来越多的同学为学习所投入的时间与精力大于以前,为了自己的目标去努力,临近考试时尤为突出。

4. 随着学分制度的实行与深入,同学们都能在学习和纪律上严格要求自己,班级管理有了很大的改善。

5. 年终考试,我们班同学基本都能过关,且不少同学成绩优秀,获得老师的好评。

三、活动方面

1. 半年时间里,自己组织过晚会,很感谢组织委员、宣传委员、文艺委员的协助,晚会办得很成功。

2. 在学校的红歌比赛节,中虽然成绩不太理想,但是大家都付出了努力,有的人嗓子都哑了。大家为了争得班级荣誉都积极进取,出谋划策,表现出了良好的精神风貌。

3. 在学校其他社团组织的活动中,我们班同学也表现出很高的积极性,并获得不少奖项,为自己的大学生活增加了绚丽的色彩。

4. 我们班的部分同学还参加了对爱心社团的义捐和市红十字会的义务鲜血活动。

5. 不少同学在班级活动和组织策划方面做了不少努力。

四、思想方面

1. 大多数同学积极向上、进取,努力学习。

2. 大多数同学为自己订立了一个目标,并通过不懈的努力去实现。

3. 大多数同学思想团结、集体荣誉感强,乐于帮助班级里的每一个人。

4. 积极向党组织靠近,不少同学写了入党申请书。

五、班里的不足

1. 有的同学在学习态度上暴露了不足,偶尔上课迟到或旷课,对于某些课程的学习态度不端正,课下自主学习意识不强,成绩不理想。

2. 一部分同学对网络投入了过多精力,导致学习成绩下降。

3. 个别班委会成员总体表现不太好,积极性不高,望得到进一步的改善。

4. 班级里或多或少出现小集体,在某种程度上影响了班级的凝聚力和团结。

5. 有些同学对班级活动有抵触情绪,不愿参加。

六、个人感想

大家来自四市两区,组成我们现在的班集体,经过半年的接触和了解,逐渐成为朋友和知己。我们的班级还有很大的可塑性,我相信,只要大家努力,我们一定会更加团结,更加热爱我们的集体。

当了半年的班长,我学到很多东西,学会了理解,学会了沟通,学会了提高。很感谢大家的支持和帮助,很感谢大家赋予我的这份光荣。我会一如既往地为了班集体而努力,不会辜负大家和老师的期望,再次感谢大家!

石虎
2021 年 1 月 20 日

职场篇

第十五节　简历

测一测:

病例分析:这份简历在描述英语水平和计算机水平时,除了要写获得的等级证书外,最好写清自己的能力。实践经历,建议写清在实践时做了什么,从中学到了什么,而不仅仅是一项项地罗列;如果能写清从中学到的知识对自己所选择的岗位有何帮助,就更好。自我评价过于空洞。缺联系方式。

练一练:

格式参照文中的个人简历。

第十六节　求职信

测一测:

1. ① 将"拜读"改为"阅读";② 将"夙愿"改为"愿望";③ 将"通过"改为"完成";④ 将"一份绵薄之力"改为"一份力"。

2. ① "是贵公司的某某总经理要我直接写信给你"不妥,求职信中切忌出现这种以上压下的字眼,用人单位人事部门会非常反感;② 第二段中的自我介绍过于简单,且信息不全,没有自己的联系方式;③ 没有清楚地表达自己的求职意向,没有针对欲应聘职位写出自己的优势,空话、大话太多;④ "不管贵单位是否同意录用我,请于 6 月 5 日前给我回信"这句话表面上看好像很客气,却在限定时间,给对方下命令,容易让人不快;⑤ 最后缺日期。

练一练:

1.

求 职 信

尊敬的××公司总经理先生:

  首先,为我的冒昧打扰向您表示真诚的歉意。在即将毕业之际,我怀着对贵公司的无比信任与仰慕,斗胆投石问路,希望能成为贵公司的一员,为贵公司服务。

  我是××职业技术学校计算机应用技术专业2017级学生,将于今年7月毕业。在校学习期间,我努力学习各门基础课及专业课,并取得了良好的成绩(见附表),英语已通过国家四级考试(见附件)。本人不仅能熟练掌握学校所教课程的有关知识,如程序设计、AUTOCAD R14、C语言等,而且还自学了 PHOTOSHOP6.0、DMAX2.5、VISUAL C++等,专业能力强,曾获20××年××省计算机技能大赛二等奖。

  作为新世纪的大专生,我非常注意各方面能力的培养,积极参加社会实践,曾在人寿保险做过业务员,在麦当劳做过星级训练员,还在××信息有限公司做过网络技师,爱好广泛,有责任感,能吃苦耐劳。

  本人期盼能成为贵公司的一员,从事计算机服务等工作。虽然我尚缺乏丰富的工作经验,但如果贵公司能给我机会,我会用我的热情、勤奋来弥补,用我的知识、能力来回报贵公司的赏识。

  盼望您能给我一次面试的机会。随信附上简历、英语等级证书、获奖证书等。

联系地址:××职业技术学校计算机应用技术专业2017级2班(邮编:××××××)

电　　话:189×××××

  此致

敬礼!

×× 敬上
二○××年×月×日

2.

求 职 信

尊敬的公司领导:

  您好!

  我是××职业技术学校即将毕业的会计专业的学生。从《××教育晚报》这份报纸中获悉贵公司要招聘会计职位。我对贵公司的发展一直非常关注,并对会计这个工作岗位抱有极大的兴趣,十分乐意为贵公司的发展尽一份微薄之力。我很荣幸有机会向您呈上我的个人资料。

在三年的学习生活中，我很好地掌握了专业知识，学习了成本会计、管理会计、财务管理、会计电算化、审计学等专业课程。我认真对待学习，专业课成绩平均分在80分以上，思想品德良好，曾获得学院颁发的品德优秀奖。在校期间，我取得了教育部考试中心认证的计算机二级合格证、英语B级合格证、会计证，并且担任摄影协会副会长一职。我性格开朗，工作充满热情，得到师生的一致好评。

我可以熟练使用办公软件，对电脑有一定的操作能力，熟练五笔输入法。三年中我利用课余时间在校外做兼职，并通过工作让我感觉到责任的重要。生活中的风雨让我具有了吃苦耐劳的精神。诚实守信也是我的品格，因为我深知对待账目是不能马虎大意的，更不能做假账。

尊敬的公司领导，如果我能喜获你的赏识，我一定会尽心尽责地用实际行动向您证明：贵公司的过去我来不及参与，但贵公司的未来，我愿意奉献我毕生的心血和汗水！我期待您的佳音。再次送上最诚挚的谢意！

此致

敬礼！

××　敬上
二〇××年×月×日

第十七节　劳动合同

测一测：

甲方、乙方的信息过于简单；没有写明制定劳动合同的依据；条款中缺社会保险的说明；结尾处缺甲方、乙方的署名及该合同签署日期。

练一练：

1. 劳动合同是劳动者与用工单位之间确立劳动关系，为明确双方权利和义务而签订的协议。劳动合同的特征：(1) 劳动合同主体具有特定性。(2) 劳动合同内容具有劳动权利和义务的统一性和对应性。(3) 劳动客体具有单一性，即劳动行为。(4) 劳动合同具有诺成、有偿、双务合同的特性。(5) 劳动合同往往涉及第三人的物质利益关系。

2. 条款：(1) 用人单位的名称、住所和法定代表人或者主要负责人。(2) 劳动者的姓名、住址和居民身份证或者其他有效身份证件号码。(3) 劳动合同期限。(4) 工作内容和工作地点。(5) 工作时间和休息休假。(6) 劳动报酬。(7) 社会保险。(8) 劳动保护、劳动条件和职业危害防护。(9) 法律、法规规定应当纳入劳动合同的其他事项。

第十八节　海报

1. 用语不得体的两处：①"光顾"改为"莅临"；②"惠存"改为"保存"。有语病的一处："促进同学们的电影欣赏和电影评论写作"改为"促进同学们的电影欣赏和电影评论写作水平的提高"。应补充的内容：缺少讲座的地点。

2. 第⑤处改为"为沟通读者和作者"或"为便于读者和作者联系";第⑦处改为"地点在二楼文学作品专柜"。

练一练:

1. 略

2.

海 报

为丰富校园文化生活,增加我们的社会实践经验,校学生会特为大家举办一次义卖会。

义卖实际上就是我们经常说的促销,更直接说就是我们将来要学的营销。在这次义卖会中,同学们既可以充当消费者的角色,又可以充当销售者的角色。如果现在的你已经心动,就赶快加入我们,相信你在这次义卖活动中会有所收获!

心动不如行动,赶快抓紧吧!

时间:5 月 8 日上午 9 点 30 分

地点:篮球场

校学生会
4 月 29 日

第十九节 借条

测一测:

① "我们班主任"改成具体姓名;② "用于购买钢笔和学习用笔"可以省略;③ "下周内归还"最好改成具体日期;④ 借款的日期要注明。

练一练:

借 条

今借到班主任王华联想电脑一台,于 2019 年 11 月 20 日归还,如有损坏,照价赔偿。此据。

借用人:李涛
2019 年 11 月 11 日

第二十节 请示

测一测:

1. ① 标题中"请示和报告"矛盾,应去掉"报告";② 发文号不应加"0",改为"×财发〔2018〕7 号";③ 主送机关简称不对,应为"××省外办";④ 名单中应将"陈雨"提前;⑤ 推荐人员应先写名字,后注明单位和职称;⑥ 结尾应改为"以上请示当否,请批示";⑦ 发文时间应大写:二〇一八年二月十日;⑧ 加盖印章。

2. ① 违背"一文一事"原则,本文同时请示编制、经费、车辆"三事"。② 要求不具体、明确:要增加几人?作何用?需增加多少经费?用在哪里?"批给一辆卧车"是要上级批指标还是钱?③请示理由有矛盾,如前面说"开展顺利",后面却说"已陷入瘫痪状态",用车请示中的司机应列入编制之内。④用语不够谦和、通顺、准确,如"需要批给"宜改为"请求批给","经济不足"应是"经费不足"。

练一练:

1.

清水村小学关于经费的请示

××镇政府:

我村学校校舍年代久远,破烂不堪,有的已成危房,再加上入学儿童增加等原因,校舍不够用,决定另选校址新建一座校舍。

目前校址已选定,村里通过村民募捐等形式已聚集了部分资金,目前还缺少20万元,特向镇政府申请拨款20万元。

以上请示,请予审批。

清水村村委会(盖章)
二〇二一年八月二十日

2.

关于申请学生会办公室固定电话的请示

××职业技术学校团委:

2021年春季开学之际,学校为了让学生会干部更好地开展工作,让工作进行得更方便顺利,将学生会办公室的地点由思明湖畔的旧瓦房搬迁到文体馆(原经贸系系办)处。由此,学生会的办公室就离办公楼、团委等老师的办公地较远。

为方便与老师们联系,保证学生会各项工作的顺利开展,特向贵处申请固定电话一部。

妥当否,请领导批示。

××职业技术学校学生会(盖章)
二〇二一年三月九日

第二十一节 广告

测一测:

这是中国电信在《羊城晚报》上刊登的一则广告文案,是中国电信系列广告中的一则,另外几则的标题具有相同句式:"远方,有一个人已经很疲惫,可你寄不去一双可依靠的肩……""远方,有一个人已经很伤痛,可你寄不去一双可抚慰的手……""载一颗心,给需要的人……"除了最末一则外,这几则广告的标题都是令人费解的,文辞不通,意义模糊。对这种不清不楚的广告标题,有多少人会静下心去体会其用"慰问礼仪电报慰藉需要你关心的人"的广告初衷?

广告正文中也没有交代具体办理的方法和途径,还要求消费者再咨询就近的电信部门。如此一来,很多消费者往往因为惰性而懒得去查问,从而流失较多的潜在消费者。这样的广告做得未免得不偿失,回报甚少。

练一练:

广告标题:饿

广告正文:饿的时候就食我/我是这么大碗的阿Q桶面/很饿——很饿——的时候/你才能吃出我的实实在在/我有好多汤,好鲜……/红椒牛肉,排骨鸡汁/蒜香珍肉,麻婆豆腐,香菇肉松/……越想越饿/饿的时候就食我/——实实在在的阿Q桶面。

第二十二节 启事

测一测:

1. ①"启示"改成"启事","寻物启事"居中写。② "我叫张小勇,是九年级(1)班的一位男生",改为"我是九年级(1)班的一位男生"。名字去掉,因为最后会有名字出现,班级必须要有,这样拾到东西才知道送到哪个班级。③ "上有钥匙若干"中"若干"应该改成具体的数目。④ "有拾得者请马上交到九年级(1)班的张小勇处",去掉"马上",有命令的语气,用在此不妥。⑤ "不甚感激"改为"不胜感激","不甚感激"是"不怎么感激的意思"。⑥ 时间放在名字后面,分两行写在右下方。

2. ①"招领启事"居中写。② 去掉"各位同学们",启事不需要称呼语。③ 物品的特征不应具体写出,改为"捡到皮夹一只,内有物品若干"。④ 去掉"本人十分感谢"。⑤ 署名与日期颠倒了,应署名在上,日期在下。

练一练:

1.

寻 狗 启 事

本人于 6 月 7 日星期四傍晚 19:40 左右在××大学世贸餐厅(海棠餐厅)门口道路对面宣传栏处丢失爱犬一只,属小型狗,长相类似小金毛。望好心人士捡到与此号码联系:15912559843。提供重要线索必有重谢!

联系人:白小姐
2021 年 6 月 8 日

2.

××中学百年校庆启事

2021 年 11 月 11 日为××中学建校一百周年纪念日,是日上午 10 时,于本校体育馆隆重举行庆祝典礼,共贺母校百年华诞。百年盛会,人世难逢,谊海情天,称觞共叙,切盼校友相互转告,届时拨冗归宁。

校友众多,广布四方,逐一函达,实非易事,特发公告,希各周知。

××中学百年校庆筹委会
地址:××市城区东正路62号
电话:×××××××

第二十三节　就职演说词

测一测：

① 就职演讲词中最好阐述一下何为"三不变、五坚持"；② "新官上任三把火"不适合自己用；③ 最好能够明确自己上任后的决心和态度。

练一练：

学生会主席就职演说词

尊敬的学校领导、老师，亲爱的同学们：

大家好！

我是2011届（1）班的张苓珲。在2008年这个不寻常的年份，在金菊含笑、秋风送爽的美好季节，我们怀着对乐山外校的坚定信念，走进我们现在的校园。

首先，我要感谢大家对我的信任与支持，让我有幸成为新一届学生会的主席。面对如此优秀的师生集体，我很荣幸也很忐忑。新一届学生会是承前启后的一届，更是开拓创新的一届，我们深知肩上的重任。在继承发扬学生会优良传统的同时，在新的形势下，我们更要充分发扬"奉献、友爱、互助、进步"的志愿者精神，搭建新的舞台，开创新的局面，努力使我校学生会工作提升到一个新的水平。以下是我代表本届学生会对今后工作的打算和决心。

一、学生会组成人员要精诚团结，各部之间、成员之间要加强合作，形成统一的意志。珍惜老师和同学们为我们提供的这一机会，全心全意为同学服务。

二、在今后的工作中，我们将不断完善各项规章制度，加强组织观念和组织纪律，模范遵守学生会、团委会的制度，同时，作为学生会的一员，以身作则，树立学生会干部的形象，做到内心坦荡，作风正派，为人谦和，做事踏实。

三、定期检查各部的工作情况。每个部应制订自己的工作计划，切实履行职责，工作中经常总结，作好记录，部长与委员之间应加强联系，广泛交流意见，积极配合。

四、营造校园文化氛围，开展讲学风、促班风的活动。一方面，开展同学们喜闻乐见的、多种形式的活动，丰富我们的校园生活，构建健康和谐、多姿多彩的校园文化；另一方面，树立"严谨踏实，多思善问"的学风，开展优秀班级的创建工作。

在今后的工作中，我们可能会面临各种压力和挑战，但我相信，在学校党、政、团组织的正确领导下，在广大同学们的支持下，我们将秉承学生会"奉献校园、服务同学"的宗旨，通过我们的精诚团结、相互合作、彼此鼓励、开拓奉献、矢志不移的工作，我们有决心、有信心把学生会办成开展学生自我教育、自我管理和自我服务的有效载体，办成发展与繁荣校园文化的舞台和基地，维护同学们的正当利益，反映同学们的愿望和要求，努力成为同学和同学、同学和学校、同学和老师联系的纽带和桥梁，协助学校创造良好的教学秩序和学习生活环境。

相信在明年的今天，当我们把学生会发展的接力棒交给下一届的时候，我们会说：我们是成功的。

谢谢大家!

第二十四节　开幕词与闭幕词

测一测:

① 称谓欠妥当:按常理应把领导放在最前面,以体现高地位优先原则,而原文却将领导放在了来宾之后,有失妥当,应做适当调整,以更符合人们的接受心理;② 结构欠合理:第四段为表达祝愿或希望的语段,放在会议内容和意义段后更加合乎"从现在到未来"的认知逻辑,因此,应将四、五两段调换一下位置;③ 用语啰嗦:开始处"怀着喜悦的心情……希望在这里生长",可改为"金色的六月,希望的季节"来引出下文;④ 用语不准确:第三段中的"支持和关注"可改为"支持和帮助";⑤ 用语搭配不当:第四段"艺术节已连续第五届"应改为"艺术节已连续举办了五届";⑥ 句子不通顺:第五段第三小句可改为"通过这个阵地来引导社区广大居民群众树立正确的政治思想意识"。

修改后的开幕词:

××社区艺术节开幕词

尊敬的各位领导,各位来宾,广大居民同志们:

大家晚上好!

金色的六月,希望的季节。今天,我们××街道党委、××街道办事处和××大商集团××超市一起在这里联合举办××街道第五届社区文化艺术节开幕式。

这次活动得到了××大商集团××超市的大力支持和赞助,得到了区委宣传部、区文明办、区民政局等有关领导的支持和帮助。对此,我代表××街道党委、××街道办事处向关心、支持、帮助这次活动的单位和领导表示最诚挚的谢意!

今天活动的主要目的在于借助社区文化艺术节这个载体,为我街的专业艺人和业余文艺爱好者搭建展示艺术才华的平台,通过这个阵地来引导社区广大居民群众树立正确的政治思想意识,其最重要的一点就是利用这种形式来丰富社区广大居民群众的业余文化生活,在全街上下形成健康向上、内容丰富、寓教于乐的文化娱乐氛围,努力创建以人为本的和谐社会。

同志们,我街的社区文化艺术节已连续举办了五届,我相信,在各级领导和有关单位的关心支持下,这项活动一定会越办越好、越办越精彩!

最后,预祝本次艺术节圆满成功!

谢谢大家!

练一练：

1.

班级文艺汇演开幕词

尊敬的各位老师，亲爱的同学们：

大家晚上好！

年华似水，我们走过花开花落，一路走来，多少过往都化作美丽的故事。时光如梭，我们经历日夜斗转星移，聚焦今朝，你我又站在了新的起点。金秋送爽，丹桂飘香，这一刻我们迎来了财会(2)班班级文艺汇演。

今天，我们有声有色，共度这个美丽的时刻。美丽时刻，我们用火样的激情舞动青春。舞动青春，我们用百倍的热情迎接挑战。迎接挑战，我们用坚实的步伐超越梦想。超越梦想，我们用深情的语言诠释情怀。诠释情怀，我们怀揣坚定的信念走向未来。

军训的号角仍然在回响，希望的种子早已破土发芽，青春在这里飞扬。求知的钟声已经敲响，梦想从这里起航。在这个特殊的时刻，我们还有幸请到了关心我们的老师。让我们在此以热烈的掌声欢迎各位老师的莅临。

此刻让我们舞动青春，张开双臂迎接我们的未来。此刻让我们唱响青春，共同谱写我们的华美乐章。看，思维，阅历，博文，强能，那是我们学习的绚丽色彩。听，能力强，技能硬，综合素质高，这是我们生活中动人的旋律。我宣布，财会(2)班班级文艺汇演，现在开始！

班级文艺汇演闭幕词

老师们，同学们：

青春，是欢腾的岁月；年轻，是梦想的时光。月朗星稀，感受同一个主题；莺歌燕舞，欢声雷动。

在此，一个洋溢着青春活力的夜晚，我们满怀着对未来的信念和希望。在此，一个充满激情的夜晚，我们共同谱写学校生活的华美乐章。曾经天各一方，缘分却让我们相识，福分让我们相知。保留这段美好的生活印记，许下一个共同的心愿。伸出彼此的双手，让我们做相亲相爱的一家人。

今夜，我们相聚，携同学开启对未来的梦想。今夜，我们相聚，祝大家在明天更加辉煌。歌声与掌声中，灯光与欢笑声中，让我们铭记下这美好的瞬间，在此我宣布："我的青春我做主"班级文艺汇演到此结束！祝大家愉快！

2.

××职业技术学校高一年级合唱比赛开幕词

【男】美丽的五月，莺飞草长；温馨的季节，意气昂扬。一职中的校园，花开朵朵，鲜艳芬芳。

【女】紫藤展笑颜，派河涌波浪；万物生光辉，天地共低昂。一职中的校园，几多流连，几多徜徉。

【男】我们满怀豪情,看到了高峡出平湖的壮丽景象;我们倍感自豪,实现了飞船上天的神话梦想;我们激情万丈,创示范又迎省文明单位的表彰。科教兴国,经济腾飞,国家富强,一中更兴旺。

【女】今天,我们共同迎来了××职业技术学校的第47个春天,

【男】让彩旗为你飘扬,

【女】让鲜花为你怒放,

【男】让山川为你祝福,

【女】让清泉为你歌唱!

【合】让我们一起高歌,祝愿××职业技术学校:青春永驻,幸福吉祥!

××职业技术学校2018年高一年级合唱比赛现在开始!(掌声)

××职业技术学校高一年级合唱比赛闭幕词

【男】校园的铃声叮当,教室的书声琅琅,美妙的歌声悠扬,青春的步履激昂。

【女】山高不怕险,路遥不怕长。科教必兴校,发展必自强!

【男】看吧,花团锦簇,彩旗鲜艳;听吧,步伐坚定,斗志昂扬。这是沐浴了智慧的靓丽学子,这是增添了胆识的巾帼儿郎!

【女】钟灵毓秀,神采飞扬,今日是埋头攻读的青年,明日必为撑天立地的栋梁!

【男】仰看雄鹰盘旋,俯察曲水流觞。让歌喉展示潇洒,让竞争显示刚强,让青春焕发活力,让激情再添光芒!

【女】拼搏才会创造奇迹,奋斗才能放飞希望。让我们凭借秉承一职中的传统,共同勉励:再攀新高!再创辉煌!

【男】下面宣布本次比赛获奖班级……(宣布比赛名次)

【合】××职业技术学校2018年高一合唱比赛到此结束,谢谢!(掌声)

第二十五节 简报

测一测:

1. ① 标题中"2018年终"改为"2018年年终";② 删除题目中的"简报"二字;③ "出人意料的"改为"优异的或突出的";④ "但镇党委、政府的带领下"改为"但在镇党委、政府的带领下";⑤ "奋不顾身"改为"同心协力";⑥ "快速"改为"迅速";⑦ "充分"改为"全面";⑧ "给予颁发"改为"颁发了"。

2. ① 简报前的思想大讨论去掉,应该放在报核作为标题;② 报头没有期数、编发单位、日期;③ 报尾处的"报:××市教育局办公室"应放在"送:×××中心学校"之前;④ 没有注明印发份数。

练一练:

简　报
（第 12 期）

校团委办公室编　　　　　　　　　　　　　　　　　　　　2019 年 3 月 15 日

奉献爱心　传递真情
——我校青年志愿者为社会福利院送温暖

　　2019 年 3 月 13 日中午,2015 级数控大专(2)班的青年志愿者们自发来到海陵区福利院,为这里的老人开展以"奉献爱心、传递真情"为主题的志愿服务活动。

　　此次活动中,志愿者们都以最贴心的服务,为老人们打扫卫生、喂老人吃饭、为老人整理床铺、给老人按摩等。志愿者们纷纷表示,要永远保持一颗感恩的心,热忱传递爱心,永葆人间真情!老人们其实并不需要多么丰富的物质生活,他们最需要的是晚辈对他们的孝敬和社会对他们的关爱。

　　我校青年志愿者服务中心自 2015 年成立以后,受到广大青年志愿者的欢迎。在有声有色的志愿活动中,志愿者们不仅唱响了"构建和谐社会,弘扬文明新风"的主旋律,同时也增强了志愿者为社会服务的意识,为创建和谐社会做出了自己应有的贡献。

报：校长办公室
送：学工处、教务处、各系办公室
发：各个班级

　　　　　　　　　　　　　　　　　　　　　　　　　　　　　　　　共印××份

第二十六节　调查报告

测一测：

　　这是一篇较有针对意义的选题,通过翔实的调查数据,说明网络对学生的负面影响。本文能归纳要点(但表述欠妥),引据说明,观点鲜明。但还存在以下不足:① 标题与内容不贴切。标题中"网络素质"没有界定,欠准确,从正文内容看,改为"大学生使用网络利弊的调查"更为恰当。② 原因分析过于简单。网络对学生的负面影响与哪些因素有关？这个问题分析不够全面。③ 材料使用上,不属于调查范围的、道听途说的内容不宜引入。④ 多处文字表达不准确。如第二段"以上调查表明,大学生对网络认识有偏差,主要是因为……",前后不能构成因果关系。

练一练：

　　1.（1）ABC　（2）ABCD　（3）BCD　（4）ABCD　（5）CD　（6）B

2. 1. ×   2. ×   3. ×   4. √   5. ×

第二十七节 述职报告

测一测：

1. ① 该述职报告只是简单罗列事实，没有指出主要业绩以及存在的问题，更谈不上问题的解决之道。② 最后部分缺署名、日期。

2. ① 用词重复，称谓"各位领导同志们"可改为"各位领导"或"各位同志"；② 述职报告的内容应该陈述自己的任职情况，而不是表决心；③ 用词不当，"把社区工作放在建设和谐社会的窗口"中"放在"改成"当作"；④ 用词不当，"也是最能体现街道对百姓关心、关爱和关怀的焦点"中"焦点"改成"着力点"；⑤ 有语病，"把党和政府的关怀和温暖送到社区百姓心里和急需上"中"心里和急需上"改成"心坎里"。

练一练：

1.

学生会述职报告

尊敬的各位学长学姐，亲爱的办公室的同仁们：

    大家晚上好，很荣幸能再一次站在这里做述职报告，仍能记得一年前站在这里的那个青涩的我，读着类似抒情散文的述职报告。时光荏苒，办公室见证了我近一年来的成长。下面，我将从工作总结及感悟、对办公室的期望等方面进行述职。

    本年度我所参与的工作主要有：

    1. 参与办公室无课统计表的制定工作；

    2. 参与办公室的值班培训；

    3. 主席联合会议的后勤工作；

    4. 电子资料的整理及上传工作；

    5. "渭水之星"总决赛幕后工作；

    6. 参与图管会原创文学大赛初赛的评审工作；

    7. 制定文书的成文规定；

    8. 定时统计学生会网站上的新闻稿数目；

    9. 通知及安排优秀学生会评选工作。

    这学年本着"少说空话多做事"的原则，我对办公室的职责有了更深的了解。从中收获最多的，是为人处世、待人接物的准则。"低调做人，高调做事"，分开来说就是：在做事上，第一，要有责任心，这是做好所有的前提；第二，要勇敢，做事难免会遇到自己未曾遇到的状况，这时候自己就必须敢于尝试。在做人上，第一，要有热情的工作态度，态度决定高度；第二，有想法，这点很重要，有想法才能进步；第三，培养良好的礼仪素质和部门专业素质；第四，要抓住机遇，尽量不要错过锻炼自己和表现自己的机会。这样，如果你是千里马，自然会有伯乐。可能这些进步对于办公室这个集体来说是一小步，但对于个人来说却是一大步。也许我是一个不善言谈的人，但是我会用心感谢每一个支持我和帮助我的人。

办公室是学生会的枢纽，承担着琐碎复杂的日常工作。这里是考验一个人工作态度的地方。我一直保持积极热情的态度在办公室工作。事实胜于雄辩，态度决定一切。这一年，我以勤恳、踏实的态度做了很多工作，从中得到了锻炼和提高。但是工作中也不可避免地出现了一些问题，例如在组织策划方面，感觉自己还有很多不足，在学习和工作的关系上处理得不够好，影响了学业的巩固提高，离工作和学习"双赢"的要求还有一定的差距。今后要在这些方面进一步努力。学生会是一个很锻炼人的地方，在这里我收获到了很多其他同学不曾得到的经验，学会了如何更乐观地面对压力，如何珍惜和爱护自己。这为我以后面对社会增添了一个筹码。

另外，我想借这个机会提一些对办公室的期望。第一，我觉得应该加强宣传办公室的品牌活动和日常工作职能，这就要求我们把每一个活动做成一种文化，而不只是做成一种精品。第二，加强各个部门之间的沟通交流，使各个部门之间形成互补、互助的合作模式。办公室是一个大家庭，我想在座的各位和我一样深爱这里。它是我学生生活的一部分，是一个让人引以为傲的团队。在这样的一方天地里，我学会了很多。这或许会成为我一生都受用不完的礼物。

述职至此，谢谢大家！

张晓璐
2018 年 12 月 20 日

2.

述职报告

首先，我想感谢老师的厚爱以及同学们的信任，给我这个机会成为电子(2)班的首任团支书。感谢杨老师对我工作的悉心督导，感谢班委们对我工作的尽心帮助，更要感谢同学们对我工作的全力支持。

进入学校已经有半年了，经历和体验了许多事情和感受。在职校担任班干部远非想象中那么容易，有一颗热情的心、甘愿奉献的精神和坚持不懈的态度极为重要。作为团支书，在这一年的工作中有成绩，也存在不足，希望自己在今后班级工作中以全心全意为同学服务为宗旨，争取更上一层楼。

一、本学期的工作成绩

下面我将本学期的工作业绩总结如下：

1. 班级信息化建设。通过加强团支部、班委会信息化建设，利用计算机网络、手机短信等现代化技术手段，搭建共青团组织交流的新平台，对内转变工作方式，提高工作效率，对外树立新形象，提高服务能力，不断适应新形势，满足新要求，扎实推进共青团工作创新发展。建立QQ群、飞信群，QQ群用于班级支部成员日常沟通联系，以及同学们之间相互交流感情；飞信群则用于班委通知各项事务。

2. 9月份生活补助工作(即助学金的评定)。班委和各个寝室的代表严格根据学生手册和学工处的具体要求,本着公开、公正、透明的原则,开展了激烈的评议工作。深入了解每一位申请同学的家庭经济状况和个人生活情况,民主并且实事求是地对每一位申请助学金的同学进行严格的评定,反复讨论审核,力争做到公平、公正。在我们班贫困生较多的特殊情况下,极力争取了更多的名额,切实为同学们谋福利。在全班同学的监督下,圆满而顺利地完成了助学金的评定工作,为生活困难的同学排忧解难,使他们能够更加专心地学习。

3. 体育方面。10月中旬举办的校运动会,是我们进入学校以来参加的第一个运动会。在运动会期间,体育委员与组织委员将责任分配到各个寝室长,寝室长负责本寝室成员有序地进行观看与助威,使得整个运动会中没有打闹、破坏秩序的事情发生。团支书与宣传委员负责积极鼓励与收集宣传稿,宣扬运动精神。在本次校运会上,毕硕获得男子400米第八名、男子110米栏的第七名。通过校运会,同学们提高了参加活动的热情,也增强了班级荣誉感和向心力。12月5日下午举行2018年校冬季越野比赛,我班由陈鹏、袁梓杰、毕硕、张再军组成的男子团队获得了男子团体第八名的好成绩。

4. 团日活动。11月5日在D301教室举办团代会委员候选人,投票公平公正,当场唱票。11月7日组织班级秋游。民主征求秋游意见、采购秋游材料、借自行车、分组、踩点等使整个秋游活动有条不紊地进行。因为是班级的第一次聚会,大家对活动抱有极高的积极性,每个人都积极参与了此次活动。因为是男女分组,在烧烤中,大家分工明确,干得井井有条。烤出来的食物,互相分享,场面十分融洽。每个人的脸上都洋溢着明媚的笑容,所有的美好瞬间都被记录在相机里,成为永久的记忆。此次活动,加强了全班同学的交流,加深了大家的友谊,提高了班级的凝聚力、向心力,促进了班级的健康发展。12月2日还开展以"让绿色看得见,让绿色听得见"为主题的团日活动,同学们都能积极主动地参与其中,清扫操场,中午摆台,晚上的活动总结,处处都能看到电子(2)班同学们的身影。同时,我也做到了每次活动前有策划,活动结束后有总结。

5. 入团的事。通过班主任的动员以及同学们自身的觉悟,全班同学为积极加入共产主义青年团做了切实的努力。全班共28名同学,共有15名同学写了入团申请书,另外还有2名同学交了入党申请书。15名同学积极按要求的期限自觉主动地递交入团思想报告,每一次的思想汇报都表明同学们的觉悟在不断提高,认真学习贯彻为人民服务的宗旨。通过民主选举,我们班产生的第一批入团积极分子为张欢、谢镔斌和宋慧芳,相信他们经过团组织的严格考察,凭借自己的出色表现,一定能早日入团。

6. 元旦欢聚。在由文艺委员负责全班的元旦晚会上,同学准备了许多展示自我风采的节目,整个晚会气氛活跃,大家欢聚一堂,欢声笑语,增进了彼此的感情。

7. 社会实践方面。"实践出真知",对于新时代的学生来说,参与社会实践是获得知识和提高能力的重要途径。鉴于实践活动的重要性,下半学期在条件允许的情况下开展了一些贴近社会的活动,希望同学们能够早一点了解社会需求,为了未来提前做好准备工作。我们提倡同学们在寒假做社会调查、勤工助学、假期打工等社会实践活动，并结合有关专业课程的设置，提供平台，让同学们讲述自己的实践经历。

二、工作中的不足

下面我将工作中存在的不足总结如下：

1. 卫生工作存在不足。女生宿舍卫生工作做得较好，男生宿舍卫生工作有待提高。舍长应做好监督并起带头作用。生活与卫生委员应定期对各宿舍卫生情况进行检查和反馈。

2. 班级考勤工作有待提高。平时同学们请假存在不规范的现象，部分同学出现无故旷课的情况。学习委员应认真做好课堂考勤，同学们应严格遵守请假制度，做好请假和销假工作。

三、下段时期工作计划

1. 严抓卫生工作和课堂考勤。

2. 以建设优秀特色团支部为目标，积极开展各项党团宣传实践活动。

3. 定期宣传关于团、党方面的知识，为大家今后入党做好思想准备。

4. 认真组织策划有意义的活动，让同学们在活动中学到东西，在活动中锻炼和提高自己。

5. 深入团员，及时了解团员思想动态，适时做好工作调整。

6. 班委之间明确职责，互相协调配合。

7. 认真贯彻落实上级下达的指令，以积极的心态投入工作。传达好老师的信息，积极主动配合辅导员完成工作。

对于今后的工作，我将严格从自己的不足出发，踏实工作，虚心学习，关心每一位同学，更好地为班级和同学们服务。与其他班委们积极配合，打造一个非常棒的团队，为班级创造更加辉煌的成绩。我祝愿每一个同学都快乐幸福，早日实现自己的理想。我们班一定会更加优秀。我们都在努力着。最后，祝大家新年快乐！

述职至此，谢谢大家！

×××
2018 年 12 月 30 日

第二十八节　辞职信

测一测：

1. ① 辞职信接近结尾处的"特向公司主管大人先生们引咎请辞！"既然是引咎辞职，前文都是说自己才高，只字未提有过失职、过失，那又咎由何来？何咎可引？有生硬拼凑之嫌。② 别字较多，"窜梁鸿于海虚"中的"虚"字应作"墟"字，"冯唐亦老"中的"亦"字应作"易"字，"文章增命达"中的"增"字应作"憎"字。③ 典故虽多，但是作者对典故还未全部理解，使用的比较生硬。④ 文末的"即此以致"，属自己编词，没有这种用法。⑤ 落款没有，缺少辞职人姓名和时间。

2. ① 这封辞职信长篇大论地写辞职原因,不够简明扼要。② 没有点明明确的离职时间。

练一练:

1.

辞 职 信

尊敬的领导:

  您好!

  首先,非常感谢您在这一年来对我的信任和关照。这段时间,我认真回顾了这一年来的工作情况,觉得在学生会工作是我的幸运,一直以来我也非常珍惜这份工作。看着学生一点点的进步,我感触颇多……从文体部成员到部长,再到现在的主席,在这过程中我一点点地学习、充实自己。也对自己也有了更深刻的了解,即我不适合做领导,不管是别人还是自己的感觉都是这样,我的性格就是如此! 相对而言我还更喜欢埋头做事。所以主席这位置真的不太适合我。

  现在已经是第三学年了,对于我们来说也是在学校里的最后一年,毕业也不是那么遥远的事了,自己的命运最终还要考虑。本学年课程本来就很多,每天都是排得满满的。这学年可谓决定命运的一年,我必须全力以赴,不想有任何东西来干扰。马上10月份我还得参加去年错过的成人高考,我必须好好复习。这之后我还想自考本科。虽然说这年头学历并不重要,但这也是一个门槛,我必须把这通行证拿到手。

  上学期就是因为事情太多,辅导班报了名都没上成几节课,为此班主任找我谈过很多次。虽然说在学生会里,我学到了很多东西,但是学生会以外还有很多东西等着我去探索,去学习。学习市场营销,学习交际英语,学习更多的软件……在这个社会,如果不前进,就会被社会抛弃。我希望老师能理解我退出的原因。我们学生会还有许多工作能力强的同学,他们正在为学生会而努力奋斗,希望您能多给他们一些机会。

  我将在完成新生接待后离开学生会,以便完成工作交接。我很遗憾不能为学生会辉煌的明天贡献自己的力量。我只有衷心祝愿领导及各位同事工作顺利!

  此致

敬礼!

×××
2019 年 6 月 20 日

2.

辞 职 信

尊敬的××经理:

  您好!

  非常感谢麦当劳和您给我的机遇和帮助! 由于某些原因,今天我在这里提出辞职申请。

在过去一个多月的时间里,麦当劳给予我很多学习和锻炼的机会,使我在这个工作岗位上积累了一定的工作经验,同时也学到了许多工作以外的为人处世的道理。所有的这些我很珍惜也很感谢麦当劳,因为这些都会在我将来的工作和生活中给我带来帮助和方便。

  如今我将离开麦当劳并且已受聘于另一家公司,我已考虑成熟,并且我有信心能够在新的工作岗位上充分发挥自己的专长。

  我希望公司今后的发展蒸蒸日上。同时再次感谢麦当劳让我曾经成为其中一员。

  此致

敬礼!

×××
2019 年 3 月 5 日